cahiers libres

OUVRAGES DE MIGUEL BENASAYAG
CHEZ LE MÊME ÉDITEUR

Malgré tout. Contes à voix basse des prisons argentines, 1982.

Transferts. Argentine, écrits de prison et d'exil (en collaboration avec Francisco Sorribes Vaca), 1983.

Utopie et liberté. Les droits de l'homme : une idéologie ?, 1986.

Miguel Benasayag
Edith Charlton

Critique du bonheur

ÉDITIONS LA DÉCOUVERTE
1, place Paul-Painlevé
PARIS V^e
1989

Si vous désirez être tenu régulièrement informé de nos parutions, il vous suffit d'envoyer vos nom et adresse aux Editions La Découverte, 1, place Paul-Painlevé, 75005 Paris. Vous recevrez gratuitement notre bulletin trimestriel **A La Découverte.**

ISBN 2-7071-1892-3

A Nils et Alice

Introduction

> « Les spectateurs ne trouvent pas ce qu'ils désirent, ils désirent ce qu'ils trouvent » — passage du film de Guy DEBORD, *Réfutation de tous les jugements....*

Nous vivons sans doute une époque de rupture, où les principaux piliers des cadres théoriques et des pratiques sociales sont mis en cause. Cette mise en cause, cette rupture n'est pas à juger comme bonne ou mauvaise, elle est à constater. Crise économique, idéologique, de croissance, des principes, des utopies... Il n'y aurait nul besoin d'écrire pour énoncer ce signifiant passe-partout de la « crise » dont les médias nous rebattent les oreilles avec insistance. Mais peut-être devons-nous, avec une fine oreille de musicien, essayer de cerner les différentes tonalités par lesquelles cette crise est annoncée. C'est : « Enfin la crise ! », ou encore : « Il faut vivre avec la crise ! » Cependant, un leitmotiv revient dans cette cacophonie, accompagné d'un arrière-goût d'illusion dégonflée, de « maturité trouvée » ; notre temps serait celui des non-dupes, celui de la réalité.

Il y a vingt ans encore, l'idéologie dominante inspirée des thèses darwino-hégéliennes prônait l'existence de la vérité. A cette époque de la « représentation », le sujet (le fou, le justiciable, le syndicaliste...) était renvoyé à sa signification, à savoir la lutte qui se jouait dans la société : la victime désignée apparaissait, à travers sa lutte, porteuse en soi d'une vérité en puissance qui intéressait l'ensemble de l'humanité. Ainsi, le prolétariat, le fou, la minorité raciale n'étaient pas à défendre pour eux-mêmes, mais plutôt pour le message universel qu'ils étaient censés représenter. Puis est venue l'époque de la supposée « présentation », où la rationalité technique est devenue la réponse obligée au vide : dans cette vision réaliste de la société, on nie toute transcendance à la situation et ainsi chaque groupe ou sujet se situe dans une platitude unidimensionnelle qui renvoie toute analyse à une question de technique.

En effet, il y a vingt ans, les hommes et les femmes croyaient, ils croyaient, nous avons cru. En quoi ? En l'avenir de l'homme, en une terre promise sans injustice, humiliation ni exploitation, en une terre non sexiste... Ou bien en un monde où l'éducation serait un apprentissage de la liberté ; ou encore en la science, qui nous permettrait d'être sains, bien portants et intelligents... Bref, tout ce qui pouvait advenir, après le grand changement, ne pouvait qu'être bon et meilleur. Ces terres, ces mondes promis (ou dus) portaient différents noms. Pour les marxistes, c'était le communisme scientifique, aboutissement inexorable d'une histoire des développements des forces productives qui commençait avec le communisme primitif. Pour d'autres, comme le père Teilhard de Chardin, la synthèse entre « la phénoménologie de l'esprit » et « l'origine des espèces » allait de soi et l'interprétation du message était claire, du point alpha, sorte de point zéro de l'organisation, jusqu'au point oméga, véritable point de rencontre messianique, totalité totalisante qui justifiait par elle-même le parcours dialectique accompli par la matière et l'esprit. Cette fois-ci, on allait pour de bon construire, jusqu'au dernier étage, notre belle tour de Babel rationaliste.

Alors, penser cette crise ! Il faut pour cela reconnaître, dans un après-coup, que cette tour de Babel s'est bel et bien effondrée, entraînant dans sa chute l'idée que l'histoire a un sens propre, et celle que la vérité est à dévoiler, ainsi qu'un certain critère moral vaguement structuré autour de l'« impératif catégorique » kantien.

Avant cet effondrement, on supposait que les êtres

humains pouvaient tirer la légitimité de leurs actes d'une lecture du réel ou de la « nature ». Ce type de morale obéissait à un registre de nécessités externes. Avec cet effondrement disparaît la possibilité d'une certaine lecture scientiste qui considérait le réel comme un existant « déjà là », sorte de continent noir à éclairer. Perdue aussi, entre autres, l'idée que la subjectivité réside dans la vision parcellaire qu'un individu ou un groupe peuvent avoir d'une totalité déjà là et existant au-delà de leurs actes.

A partir de cette rupture, l'acte manqué, les lapsus, les mots d'esprit et le délire ne sont donc pas à interpréter comme des erreurs à corriger ou à normaliser, mais doivent être entendus comme un existant, celui de la perception ou, pour mieux dire, comme l'inscription du sujet, toujours aléatoire. La politique ne peut alors plus être la découverte de ce qui historiquement est juste. Elle relèvera, en revanche, d'un pari.

Nous situons l'éclatement de cette logique déterministe (dialectique ou métaphysique) autour des années soixante. Nous lui reconnaissons au moins trois sources, trois discours paradoxaux qui, depuis le début du siècle, cohabitaient avec leur charge subversive à côté du discours déterministe

Ces trois sources sont, sans priorité particulière

Dans le domaine des « sciences conjecturales », la psychanalyse avec Freud et Lacan. Au début du siècle, la découverte freudienne de l'inconscient ôte le moi et la conscience de la place de choix où les Lumières les avaient placés. Mais Freud lui-même eut peur des conséquences philosophico-épistémologiques de la théorie qu'il avait fondée. Il nous en donne la preuve dans son livre *L'Interprétation des rêves*, en écrivant qu'il garde toute sa foi en un jour où la pharmacologie pourra guérir « scientifiquement » les psychoses, névroses et perversions, le jour où le déterminisme fera à nouveau la loi.

— La deuxième source est la physique quantique. Dans son article sur les photons, en 1905, Einstein fait éclater le fondement même des divisions entre énergie et matière ; par la suite, la physique quantique doit compter, à la place du bon vieux réel, avec l'indiscernable. Face à cette découverte, Einstein eut peur lui aussi et écrivit : « Dieu ne joue pas aux dés », signifiant par là que le déterminisme reviendrait un jour au centre de la physique.

— La troisième source est la source politique et, plus précisément, la politique révolutionnaire. Le marxisme n'est pas seulement la géniale interprétation du capitalisme : il est surtout une théorie de l'émancipation qui, tout en s'appuyant sur les découvertes scientifiques de l'époque, procède au divorce de l'homme avec toute loi dite naturelle qui le détermine. Il serait ridicule, encore de nos jours, de se passer du marxisme dans l'analyse des forces en présence même si — les événements étant « l'alibi de l'histoire » et les individus « le produit de leur classe », l'histoire, celle « des forces productives », véritable nouvelle nature pour les êtres humains — nous replongeons grâce à lui dans le déterminisme historiciste et téléologique. Car il y a toujours dans le marxisme une lutte entre les courants déterministes (Staline, Pol Pot, les mouvements marxistes majoritaires) et les courants dits dialectiques qui, à cette vision déterministe positiviste, opposent tantôt la force du concept (Marcuse), tantôt la revendication de l'utopie (W. Benjamin) ou l'urgence de la révolte (Che Guevara).

Le discours réaliste actuel parle du passé comme le maintenant d'hier dont on ne comprend pas les « erreurs » et engagements, les « maintenants » se succédant sans fin. Aujourd'hui, est dit et colporté à qui veut bien l'entendre que tout changement ne peut être qu'un changement vers le pire. L'objet d'amour devenant objet de haine, les hommes et les femmes se sentent trahis. Ils haïssent désormais les bâtisseurs d'« ismes » avec la même force qu'ils les portaient hier dans leur cœur. Dans cette époque de crise de la pensée, dans cette sorte d'ère du vide où les luttes révolutionnaires ou alternatives sont en recul, une idée étonnante fait ainsi recette. Contre les projets ambitieux, au nom d'un lendemain incertain, la « réalité » a acquis un véritable statut ontologique : elle EST maintenant la seule vérité, nos actes sont dictés par elle, le rêve est condamné.

Les « réalistes » disent : « Nous vivons l'époque de la fin des idéologies et des utopies, tout isme rime avec fascisme. » Ce qu'ils appellent réalité, c'est-à-dire le maintenant d'aujourd'hui, ne leur permet plus de comprendre le maintenant d'hier. Peut-être ces réalistes ne se rendent-ils pas compte que la prétention à un rapport pragmatique avec un monde « dépourvu d'idéologie » et soi-disant a-théorique, est fatalement condamnée à devenir une idéologie, d'autant plus redoutable qu'elle se présente comme objective et neutre.

Le concept, pour Hegel, était « le temps de la chose ». Or, voilà que, dans le maintenant « réaliste », le temps, comme devenir, projet et utopie n'existerait plus. Seul reste l'aujourd'hui, sans le temps, le concept comme abstraction libre éclate pour nous laisser « libre accès à la chose » : l'OBJET. Il n'y a plus d'économie politique mais la chose politique, plus de projets de femmes mais la chose féminine ; il faut gérer, loin de ces abstractions si « dangereuses », dans un monde de non-dupes, le monde de ceux qui sont revenus des illusions « enfantines ».

Notre temps est celui des gestionnaires efficaces, rapides, rentables, capables de donner des réponses urgentes aux petits et grands dysfonctionnements que la réalité présente (la famine, le racisme, le chômage, l'exploitation...). Bien entendu, nos chers gestionnaires ne veulent pas gérer sans un « plafonnement » à leur pratique. C'est ainsi que l'« éthique », véritable signifiant passe-partout apparaît dans tous les discours et pratiques (comités d'éthique, groupe de réflexion sur l'éthique, spécialistes de l'éthique...). En politique, ce plafonnement est donné par un autre signifiant qui, à l'usage, finit par ne renvoyer qu'à lui-même : les droits de l'homme. Voilà que le discours des droits de l'homme devient une véritable idéologie dominante, bénéficiant d'un surprenant consensus universel.

Notre pari théorique est centré autour d'une idée fondamentale dans la pensée de nos contemporains, l'idée du bonheur. Entre valeurs universelles en crise et valeurs relativistes à cours de réponse, un pseudo concept, dans son opposition radicale, est devenu central ; les images identificatoires du bonheur orientent et quadrillent notre quotidien. Comme dans une caricature de la dialectique « deuil et mélancolie », tout se passe comme si nous avions perdu l'objet de notre amour, de notre intérêt, de notre raison de vivre. Un retrait narcissique dangereux et puissant s'opère, et le bonheur, dans sa nature irrationnelle et inquestionnable, devient cause suffisante (et unique) pour justifier les actes des hommes et des femmes.

Nous tenterons ici la déconstruction radicale de ce signifiant devenu métaphysique. Car à la vision statique d'une réalité inchangeable et cristallisée, qui a succédé au temps des utopies, correspond comme une bague au doigt cette nouvelle idée qui n'est ni projet ni devenir, mais plutôt arrêt du temps, arrêt sur image, état mythique dont les moyens de communication font l'apologie : le bonheur.

Faute de pouvoir analyser directement ce concept qui se présente, pour le sens commun, comme une finalité en soi, avec le caractère métaphysique d'un signifiant qui ne renvoie qu'à lui-même, nous nous interrogerons surtout dans ce livre sur ce qui fait que les gens sont satisfaits tant qu'ils peuvent éviter le malheur. Nous nous intéresserons à ce qui est devenu une idéologie dominante : l'utopie négative d'un ensemble de droits destinés à « éviter le pire », les droits de l'homme.

Nous essaierons d'expliquer à travers des exemples simples, pris dans le quotidien, comment l'idée du bonheur, véritable bloc de ciment, apparaît la plupart du temps comme faisant mauvais ménage avec le désir. Dans sa pratique quotidienne, l'idée du bonheur peut-elle produire autre chose qu'aliénation et écrasement du désir ? Le sujet humain, en tant que sujet désirant et de manque, peut-il aliéner son désir au profit des besoins créés par la société marchande sans laisser dans cette manœuvre de démission l'essence de ce qui le constitue en tant que sujet de liberté ?

I

Les droits de l'homme ou : la quête du bonheur par l'évitement du pire

« Peachum réfléchissant aux bases du commerce fondé sur la mendicité : "Je vois aussi clairement pourquoi les gens n'examinent pas de plus près les infirmités des mendiants avant de leur donner de l'argent. Ils sont en effet persuadés que là où ils ont frappé il doit y avoir des blessures ! Comment n'y aurait-il pas des gens ruinés quand ils font des affaires ? Comment des familles n'iraient-elles pas échouer sous les ponts quand ils s'occupent des intérêts de leur propre famille ? Tous sont persuadés de prime abord que, étant donné leur mode de vie, il doit y avoir partout des gens blessés à mort et d'autres incroyablement nécessiteux qui se traînent. Pourquoi se donner la peine de vérifier ? Pour les quelques pence qu'on est disposé à donner !" »

Walter BENJAMIN,
Essais sur Bertolt Brecht, p. 103.

1

Humanité, un concept neutre ?

Comme une triste litanie, prière rythmée de la fin d'une époque sur les ruines des palais et des paradis, comme un constat d'échec honteux, les hommes et les femmes ne demandent plus le mieux, ils se contentent de crier contre le pire. Le bonheur de notre époque n'a pas la coloration du « grand soir ». Ni émancipation ni libération, tout juste l'énonciation, à mi-voix, de quelques souhaits pour l'homme : les droits de l'homme.

Dans la thématique même des droits de l'homme, on trouve toujours l'idée que la lutte menée est une lutte contre le pire, une lutte, donc, pour le bien et au nom du bien. Les défenseurs de ce discours, c'est-à-dire presque tout le monde, expriment ces fameux droits avec une pureté et une naïveté quasi religieuses comme si, face à tant de bonnes volontés univoques, il n'y avait qu'une profonde méchanceté pour s'opposer. Poursuivant une réflexion engagée dans un travail précédent [1], nous sommes persuadés que les éléments constituant ce discours sont analysables et qu'il ne s'agit donc pas d'un dogme au noyau irrationnel.

Les « défenseurs des droits de l'homme » s'égarent lorsqu'ils prétendent, au nom de l'efficacité pratique, contester les mises en cause théoriques. Peut-être faudrait-il leur rappeler que, si pratique il y a dans le champ de l'humain, c'est parce qu'elle est médiatisée et orientée dans le champ du discours. Et, sur un plan plus politique, se souviennent-ils, ces techniciens de l'urgence, que ce fut justement toujours au nom de l'urgence politique et sous l'évocation d'un danger extérieur extrême que furent commis de nombreux crimes par les partis staliniens aux idéologies pleines de « bonnes intentions » ?

Il n'est donc pas inutile de répéter certaines banalités, surtout lorsqu'elles sont, comme la lettre volée de la nouvelle d'Edgar Poe, à la vue de tous et pourtant remarquées par personne. Ainsi, du principe selon lequel les droits humains seraient des droits

---

1 Miguel BENASAYAG, *Utopie et liberté. Les droits de l'homme une nouvelle idéologie ?* La Découverte, Paris, 1986

naturels. Certaines visions téléologiques de la nature placent dans une même entreprise d'évolution déterministe la nature, l'homme et tout l'existant comme partageant le même projet ; mais telle n'est pas l'argumentation majoritaire, et nous ne pouvons qu'être étonnés par ceux qui, disant lutter pour la liberté, juxtaposent nature et liberté. En effet, au sens courant, qui dit nature entend déterminisme (nous dirions plutôt situation déterminée) : dans l'idée des droits naturels existe tacitement la notion de nécessité, à savoir que ce qui existe est nécessaire et inévitable d'après un ordre supérieur, dans un royaume où tout est plein de sens, où tout est analytiquement prévisible, où rien ne peut faire événement, au royaume des faits établis.

Qui dit droit naturel pose un signifiant de trop. Si ces droits étaient naturels, il n'y aurait nul besoin d'un Droit pour les légiférer : ils seraient ou ne seraient pas, sans l'exigence d'une praxis humaine. S'il faut un Droit, c'est parce que contrairement à ce qui se produit dans l'ensemble naturel, dans le champ qui nous intéresse, il y a de l'indécidable, et c'est à l'opérateur qu'il revient de trancher. En d'autres termes, si les « droits humains » étaient naturels, nous ne serions pas libres : nous pouvons nous énoncer comme sujet de notre liberté dans la mesure où justement nous énonçons clairement nos droits comme faisant partie d'un projet, d'une utopie` et d'une création

Poursuivons notre analyse : l'humanité, dans le discours commun sur les droits de l'homme, serait « une », car l'établissement d'une hiérarchie dans l'ensemble humain entre ceux qui mériteraient la jouissance de ces droits et les autres serait contraire à sa logique. Voilà une contradiction flagrante puisque, systématiquement, ce discours tend à rabaisser ses propres ennemis au niveau de non-interlocuteurs, c'est-à-dire de « pas tout à fait humains », en fait de « presque animaux » : les violations des droits de l'homme sont définies comme des pratiques inhumaines, c'est-à-dire non humaines (alors qu'on chercherait en vain de tels exemples dans le monde animal). Et on divise, ce faisant, l'humanité en deux : d'un côté, les sous-hommes, les tortionnaires, et, de l'autre, les hommes bons, les victimes, les défenseurs des droits de l'homme. Il semble pourtant bien difficile de croire que les tortionnaires, affameurs et oppresseurs fassent partie d'une banlieue quelconque de l'humanité.

Ce concept, si vague, d'humanité, n'a donc peut-être plus guère d'utilité, sauf, pourquoi pas, pour le critiquer. Mais alors, nous nous ferons traiter aussitôt d'anti-humanistes, accusation qui de nos jours, par sa force et sa charge imaginaire, peut avoir une portée considérable. Dans certains contextes historiques et sociaux, certains mots sont en effet porteurs d'un sens de principe dont la remise en cause constitue un acte irrévérencieux, voire provocateur.

Ainsi l'amour, l'efficacité, la réalité..., et bien entendu l'humanisme. L'anti-humanisme évoquerait-il quelque chose de repoussant, d'innommable, de dégoûtant ? Le désir, peut-être ?

Revenons à notre humanisme si « consensuel » d'aujourd'hui, et tentons à travers des exemples simples d'en saisir le sens. Lorsque nous voyons à la télévision une publicité dans laquelle un chien pousse sa gamelle de nourriture vers un autre pour la partager, nous pensons : « Voilà quelque chose de bien étrange. » En effet, dans le monde animal, un tel acte n'est pas pensable ; nous y avons vu la marque de l'humain et nous avons raison : dans la scène en question, le réalisateur a procédé à un trucage quelconque, ou alors les chiens ont été dressés par des hommes de manière à adapter leurs réponses au bon vouloir de leur maître. Dans les deux cas, nous avons raison d'y reconnaître, sans nous laisser leurrer par les apparences, un trait humain.

Ce trait, quel est-il ? Suivant notre première impression, nous pourrions y retrouver quelque chose de l'ordre de la solidarité, mouvement qui consiste à renoncer au service des biens immédiats et que seul un être de parole peut effectuer. Nous connaissons tous l'histoire du scorpion et du crapeau : le scorpion voulant traverser le ruisseau demande au crapeau de l'aider à atteindre l'autre rive. Face à la méfiance du crapeau, il argumente : « Ne crois pas que je vais te piquer car ta mort entraînerait la mienne. » Mais au milieu du ruisseau, le scorpion pique le crapeau et, devant la surprise de ce dernier, lui dit : « Je n'y peux rien, c'est dans ma nature. » Cette fable nous éclaire sur l'humain, non sur l'animal ; car aucun scorpion ne peut agir de la sorte, et aucun crapeau n'accepterait d'ailleurs de transporter un scorpion : cela va de soi, c'est dans leur nature. Mais ils ne savent pas qu'« il y a » une nature, et c'est le point central de la question. Le « il y a » relève d'une conscience, d'une instance symbolique, d'une conscience réfléchie, propre à l'humain.

Prenons un autre exemple : nous demandons au lecteur de se remémorer les souvenirs pénibles des wagons plombés. Ces trains-là, avec une exactitude tout aryenne, transportaient en leur ventre des femmes, des hommes, des enfants, des vieillards vers les camps d'extermination. Images effroyables, pouvant susciter la compassion, et la révolte. Pouvons-nous dire qu'il y a là du non-humain, voire de l'anti-humain ? Pourtant, nous ne pouvons nier le caractère absolument humain d'une telle scène, et nous pouvons pressentir les fondements d'une telle pratique : la haine, l'intolérance. Assurément opposés à la solidarité à laquelle nous faisions référence, ces sentiments n'en sont pas moins marqués du sceau de l'humain.

En qualifiant d'inhumaine l'image du train de la mort, nous tombons dans un piège redoutable : celui de qualifier les nazis d'inhumains car, ce faisant, nous procéderions en miroir avec eux, créant une hiérarchie entre les très humains, les humains, les sous-humains.

Allons un peu plus loin. Dans cette symétrie, les SS seraient radicalement exclus de l'humanité, les nazis de base seraient de « race » rapprochée mais encore à la périphérie, les braves collaborateurs ou semi-collaborateurs (mais où commence la collaboration ?) seraient des humains pervertis à éduquer et ainsi de suite jusqu'à la définition d'humain seulement pour la victime, la victime pure, la victime « gratuite », la « bonne » victime.

Nous trouvons un autre exemple, inattendu, dans le courrier des lecteurs d'un quotidien. La lettre est signée par Jacques Lanzmann, l'écrivain-marcheur. Il s'adresse à un militant arabe emprisonné à Paris et lui dit : « Si j'étais Palestinien comme vous, je défendrais la cause de mon peuple, je serais parmi les plus radicaux ; en étant parmi les plus radicaux, je serais pour la destruction de l'État d'Israël ; or je suis juif et je défends mon État, c'est pourquoi je m'oppose et m'opposerai toujours à vous et à vos camarades... » Voilà un discours que, sans aucune arrière-pensée morale, nous pourrions qualifier de discours animal. En d'autres termes, le loup dirait à l'agneau : « Si j'étais agneau, je n'aimerais pas me faire manger et, sans aucun doute, je souhaiterais le pire au loup, mais voilà, je suis loup, la nature m'a fait loup, je n'y suis pour rien et, en suivant mon instinct, je te mange. » Évidemment, le loup ne peut pas dire tout cela, n'étant pas un être de parole ni même un sujet de désir et de manque en mesure d'exercer sa liberté par le renoncement à ses instincts. Le sujet humain, lui, est un sujet de choix et de renoncement, toujours acteur — et parfois à son insu — de sa liberté.

Ce qu'écrit l'écrivain-marcheur apparaît comme une justification inhumaine de son acte : il ne peut pas renoncer, il ne peut pas choisir, il est joué par ses instincts et ses traditions. Mais, contrairement au loup, il va le dire, l'écrire, car rien ne coule de source. Chez le parlêtre — être de parole —, dire : « Je ne pouvais pas faire autrement », revient à dire : « C'était mon choix. » C'est là où se situe le parallèle paradoxal entre cette histoire, malheureusement vraie et l'apologue du crapeau et du scorpion. Nous savons tous que le scorpion ne pouvait pas faire autrement car, comme on le lui fait dire dans l'histoire, c'est dans sa nature. En revanche, on ne peut pas faire dire des choses aux hommes ; ils les disent, parfois contraints, parfois sans le vouloir, mais « ça » les engage toujours en tant que parlêtres.

C'est pour cela que la formulation de l'écrivain qui justifie son engagement sioniste comme faisant partie de son « être naturel juif » ne peut trouver chez nous qu'une fin de non-recevoir. Son « Je ne peux pas faire autrement », ne venant pas d'un scorpion, n'est pas acceptable, car le parlêtre peut toujours faire autrement. L'humanisme voudrait que, dans une harmonie finale, tous les hommes vivent en suivant un hypothétique instinct humain. C'est pourquoi il n'est pas étonnant que notre écrivain-marcheur, par ailleurs humaniste reconnu, appelle à la guerre au nom des instincts.

Le symétrique de l'humanisme serait l'anti-humanisme — dont, à vrai dire, personne ne se réclame —, lequel, loin de toute élaboration conceptuelle, signifie tout simplement « méchant ». Pour dépasser cette opposition stérile, il importe donc de déterminer un lieu théorique de liberté où la pensée puisse rebondir et se perpétuer. Contre toute pensée métaphysique, ce lieu autorise une seule écriture pour le concept d'humanité : ł'humanité (humanité barrée). Cette écriture correspond à un concept qui peut exister, mais jamais dans sa plénitude. Qu'un concept existe barré (encoché ?), structurellement limité, ne relève pas d'un illogisme quelconque, mais plutôt d'une logique paradoxale capable de penser le concret sans tomber ni dans la totalité totalisante ni dans la religion du « réalisme ».

2

La dynamique de l'interdit

Dans les mythologies et récits, on constate que l'histoire du sujet humain — ou parlêtre, terme plus précis que nous utiliserons — commence par un « dysfonctionnement ». Au paradis judéo-chrétien, il s'agit du viol d'un interdit posé par Dieu ; la mythologie grecque est aussi remplie de transgressions, d'interdits, toujours cause et origine d'histoires, de l'Histoire. Plus près de nous, l'anthropologie a montré que les sociétés se fondent et se structurent autour de la détermination et du respect d'un interdit fondamental. L'interdit est, dans ce sens, le « dysfonctionnement » originel ou, comme dans les mythes de la Bible, la faille qui sépare le parlêtre d'une harmonie universelle préalable

L'interdit est la marque du fonctionnement du parlêtre dans le registre du symbolique, c'est-à-dire des concepts, idées et paroles séparés à jamais des objets auxquels ils se réfèrent. Un interdit, pour ainsi dire, ne se voit pas. Il peut être imagé ou représenté par un mythe, par exemple Œdipe, Sisyphe... Mais au-delà de ces mythes fondateurs qui structurent le symbolique, l'interdit relève toujours d'une sanction, d'un mot porté sur un acte ou un fait.

Un père qui fait l'amour avec sa fille, cela s'appelle un inceste. Il est question d'inceste par la transgression d'un interdit. Un observateur qui ne connaîtrait pas leurs liens de parenté pourrait ne voir dans cet acte qu'une plus ou moins agréable scène érotique. C'est le mot porté sur l'acte, la scansion symbolique du fait qui nous place donc face à l'interdit.

Toutes les sociétés et cultures fonctionnent sur la dynamique de l'interdit, mais toutes ne se structurent pas autour des mêmes mythes ou figures de l'interdit. Les différents mythes et figures déterminent la mosaïque des cultures où se développent les différents parlêtres.

A la question de l'*être* de l'être humain, d'une substance quelconque qui, dans son unité et son étendue, pourrait rendre compte de la qualité de cet être d'une façon universelle et transhistorique, aucune réponse ne paraît facile de nos jours ; nous pensons que, paradoxalement, toute réponse sur la qualité de cet être induit toujours une hiérarchie. Une hiérar chie entre ceux qui l'auraient totalement, ceux qui ne l'auraient pas encore, ceux qui l'auraient partiellement... Cette recherche se déroule de manière très freudienne, à savoir que l'objet retrouvé (le concept de cette qualité humaine) n'a jamais été perdu.

Toute « retrouvaille » n'est jamais qu'une nouvelle création, et toute création d'un concept, d'une notion ou d'une catégorie ne peut d'emblée qu'établir une nouvelle division, surtout lorsque le nouveau concept créé prétend définir une totalité. Or le concept d'être humain tendrait à définir ni plus ni moins que la totalité de cette classe.

Nous savons que pour qu'un ensemble caractérisant une classe donnée puisse accéder à la figure de l'un (totalité), le chemin le plus court est celui de l'exclusion. Prenons, à ce propos, un exemple simple, éclairant la figure du racisme, non pas dans le domaine politique mais dans la psychopathologie de la vie quotidienne. Imaginons un homme parmi ces hommes ou femmes qui souffrent au quotidien de leur difficulté à vivre, de leur « non-existence », de quelque mal relevant d'un sentiment d'invisibilité, d'une solitude si radicale qu'ils ne sont même plus avec eux-mêmes, malades de ce mal de vivre, banal mais douloureux, malades de ce perpétuel désavœu impossible à dire.

Imaginons donc cet homme, dans l'entreprise parfois si difficile d'affronter la rue. Dans cette rue où l'anonymat est total, où il se sent disparaître, un miracle est possible — il croise un homme de type maghrébin et au moindre prétexte lui lance : « Sale bougnoule ! » Miracle ! Lui qui, quelques secondes auparavant, ne comptait pour personne va tout d'un coup « compter pour un ». Lui qui se sent étranger au monde, n'oserait jamais se dire aussi français que ses idoles ; mais il lui a suffi, poussé par ce besoin de « réparation » et dans un évitement de la douleur — trace de son angoisse existentielle d'être divisé —, de dire : « Sale bougnoule » pour que, comme par magie, il se sente appartenir à une même unité française. Il a désormais acquis une place dans la communauté : c'*est* un raciste.

Autrement dit, la démarche consiste à définir un *tout* à partir de ce qui ne lui appartient pas. Les partisans français du fascisme ont bien du mal à donner une définition du « Français ». En revanche, cet ensemble très aléatoire (le tout français) peut toujours être déterminé par ceux qui n'en font pas partie. Dans cette ontologique réactionnaire, le « un » de l'être est déterminé par l'exclu face à l'impossibilité de définir une inclusion.

Suivant une démarche différente, nous préférons abandonner cette question de l'*être* de l'être humain et proposons de la remplacer par une autre, à savoir : « Qu'y a-t-il d'humain dans le sujet ? » Suivant Freud et Lacan, nous reconnaissons comme trait fondateur la fonction structurelle-structurante de l'interdit. En tant que parlêtre (être de parole), l'homme fonctionne sur le mode de l'interdit, véritable Loi fondamentale, dirait Montesquieu, ou Loi ontologique. Cette loi-là est qualitativement différente de la loi du plus fort. Cette Loi avec un grand L est aussi distincte de la loi du Code pénal, avec un petit l.

Le sujet humain, du point de vue psychanalytique, est un sujet encoché ou barré : il se définit comme sujet de manque, et par conséquent sujet désirant. Le sujet humain s'inscrit dans la Loi ontologique en tant que sujet séparé à jamais du « tout ». De ce point de vue (là), la loi du plus fort, ou peut-être la non-loi du plus fort, relève à l'inverse d'une certaine harmonie, en accord avec la totalité. Le sujet humain s'inscrit toujours en défaut par rapport à cette harmonie. C'est pourquoi nous pouvons identifier le renoncement à l'harmonie avec le renoncement à la loi du plus fort ; ce renoncement prenant la forme d'un interdit fondamental.

Les mythes et récits fondateurs définissent dans chaque culture ce à quoi il faut renoncer, ce qui nous permet de parler de figures de renoncement. Dans les États et cultures théocratiques, cette figure est Dieu ; dans les États modernes, c'est le sujet humain, car la figure du renoncement — ce qui doit rester interdit et intouchable — est toujours occupée par celui qui, dans les différentes cultures, apparaît comme le créateur mythique de la Loi. Cette place occupée par l'homme dans nos sociétés d'États modernes expliquerait que dans les discours et déclarations de principes, « l'homme » doive rester intouchable dans son corps. Dans les discours et déclarations, car, dans la praxis sociale, l'inviolabilité du corps ne va pas sans problèmes [1].

Mais dans les sociétés capitalistes avancées (capitalisme d'État soviétique, chinois... ou libéral), un déplacement s'opère : le producteur étant dépossédé de son produit, la marchandise devient indépendante et dicte ses propres lois. Dans un monde qui devient marchandise, il est difficile de citer un « producteur en soi », indépendamment de sa valeur marchande. Le sujet humain lui-même devient marchandise et la véritable figure de l'interdit, dans notre humanité civilisée, est alors la marchandise. Cela place le discours humaniste d'aujourd'hui face à une aporie. L'État de droit se structurerait autour d'un interdit, l'intouchabilité de l'homme, créateur mythique de la Loi. Or, dans nos sociétés, l'homme n'est défini que par des catégories marchandes. L'intouchable devenant marchandise, la marchandise devient intouchable. Peut-on alors structurer un discours des droits de l'homme sans définir préalablement ce qu'on entend par sujet humain ?

Lorsque nous demandons : « Qu'est-ce qui définit le sujet humain ? », nous ne répondons pas, contrai-

1. Nous avons développé ce point essentiel dans *Utopie et liberté (op. cit.)*, en évoquant le cas des agents d'un État dictatorial qui enfreignent cet interdit fondateur en torturant les opposants.

rement aux « humanistes » et fervents adeptes de la « totalité totalisante », par une nouvelle totalité qui se définirait par l'exclusion. Dans une logique qui refuse la clôture, ce qu'il y a d'humain dans le sujet ne peut être défini ou identifié que par une totalité « pas toute ». Ainsi, si le sujet est définissable comme tel, c'est parce qu'il est marqué par l'interdit, encoché par son manque, parce qu'il « n'est pas un » ; l'humanité existe donc parce que à jamais incomplète (pas toute).

Le concept d'humanité porte la trace de sa division originelle et fondatrice. L'humanité ne peut pas « être une » : il n'y a pas plus d'harmonie finale qu'il n'y avait d'harmonie fondatrice. Tout point oméga de l'histoire, toute vision pastorale d'une humanité réunie avec elle-même implique un sujet complet (total), un sujet qui « est un ». Voilà le paradoxe. Le sujet est justement humain parce que sujet de manque et de désir, et toute vision pastorale visant à éliminer ce manque vise également la fin de l'humanité. Cette démarche revient à définir cette « humanité barrée » comme un universel paradoxal parce que structuré comme un contenant, un creux commun à toutes les cultures où les différentes cosmogonies viendront se loger. La question n'est pas de déterminer si les différents contenus de ce creux s'équivalent ou pas, il s'agit plutôt de s'apercevoir que la définition d'un élément structural contenant et non contenu nous permet de penser en dehors d'une image totalisante qui définirait une figure universelle d'homme comme paradigme universel.

En pratique, cette approche nous permet de lutter pour l'établissement des devoirs et interdits, plutôt que pour des droits finissant toujours par esquisser un modèle d'homme dominant et à imiter.

3

Droits civiques, droits de l'homme

A ce stade, une différence est à faire entre droits civiques et droits de l'homme. Autant du discours des droits de l'homme émane toujours, plus ou moins tacitement, l'idée obscure d'une nature humaine, autant les droits civiques évoquent l'idée de lutte et de division. Et luttes il y a.

Contrairement à la vision stalinienne du marxisme, les mouvements révolutionnaires et alternatifs ont toujours lutté pour l'élargissement et l'approfondissement des droits civiques. Cette lutte-là passe nécessairement par la construction d'un projet social alternatif, où le producteur, n'étant plus séparé de sa marchandise, cesse à son tour d'être marchandise.

Avons-nous encore, de nos jours, le droit de tenir de tels propos ?

On pourrait, en reprenant nos propres arguments, nous opposer que cette division entre le producteur et sa marchandise n'est en fait que l'apparition phénoménale de la division structurelle du sujet. La « réunification » du producteur avec sa marchandise (c'est-à-dire la fin du règne de la marchandise et du spectacle) apparaît de fait à nos contemporains comme la figure d'une vision totalisante, d'une nouvelle vision pastorale de l'harmonie porteuse de l'horreur d'un Staline ou d'un Pol Pot. Mais la rareté dont parle Marx dans les *Grundrisse* n'est pas le manque structural du sujet.

Depuis quelques années, l'Occident secoue ses culpabilités comme un vieux chien ses puces. Que le sujet soit sujet de manque, que le désir puisse se résumer au désir d'être, et voilà que toute conception émancipatrice de « l'homme » reste pour les théoriciens post-modernes dans un pur imaginaire dangereux.

Si toute réflexion sur les droits civiques passe inévitablement par une critique des positions humanistes post-modernes, toute définition du sujet n'implique pas la découverte d'un fondement quelconque, d'un existant à dévoiler, mais relève plutôt d'une décision. Cette définition n'est pas la constatation objective d'un fait qui existerait indépendamment de toute subjectivité mais la mise en évidence d'un événement pour lequel une décision est requise. Les post-modernes et leurs sous-produits les « nouveaux philosophes » ne contestent pas tant l'idée de fondement en soi, que la possibilité d'une décision comme activité praxistique du sujet dans la création du nouveau. C'est que l'univers de la marchandise se caractérise par l'uniformité, l'absence de fondement, de décision et de rupture ; et l'assimilation de l'homme à cet univers le condamne au domaine du pur quantitatif, l'éloignant de toute détermination qualitative. Le royaume de la marchandise prend alors la forme d'un monde où la marchandise occupe la place de l'interdit. Il est par conséquent impossible d'énoncer des droits de l'homme sans en déconstruire préalablement le concept.

Prenons l'exemple de ce qui s'est passé lors d'une conférence internationale d'experts tenue à Genève en décembre 1986. La question était posée ainsi : « Doit-on interdire mondialement la production d'un gaz, le chlorofluocarbone, qui fait disparaître rapidement la mince couche d'ozone protégeant la planète contre les effets nocifs du rayonnement cosmique ? » Opposé à cette interdiction, le représentant de la filiale des produits chimiques d'Elf-Aquitaine intervient · « Il faut bien trois ans pour mettre au point d'éventuels substituts et les coûts peuvent être multipliés par quatre Il est très hasardeux de baser une stratégie industrielle sur des impératifs en matière d'environnement »

Si nous avons choisi cet exemple, c'est parce que la naïveté et la franchise de ce cadre illustrent assez bien nos propos. Lorsqu'on pollue les rivières consciemment, en sachant que la mise en place d'un mécanisme de filtre augmenterait les coûts de production au point que l'entreprise devrait disparaître car elle ne serait plus compétitive, quand on détruit l'écosystème au nom d'impératifs de production, on ne peut plus continuer à parler des « problèmes d'environnement ». La marchandise et la société créée à son image ont leur propre dynamique, leur propre logique. Nous ne pouvons plus traiter de tels problèmes comme de simples excès d'une société qui resterait potentiellement « bonne ».

L'intouchable est de nos jours la marchandise, non pas celle destinée à la satisfaction des éventuels besoins, mais la marchandise en tant que telle : comme le montre notre exemple — on pourrait le multiplier à l'infini —, il est clair que la logique marchande s'impose face à toute défense de ce qu'on appelle « l'homme ». Or voilà que dans le même temps on nous parle des droits de l'homme avec une telle charge consensuelle que personne ne s'y oppose. Au vu de notre exemple, nous avons pourtant le droit de nous demander : « Qui est cet homme qui demande des droits pour lui ? » Cet homme revendicateur prétend représenter une universalité de l'humain. Mais des cadres et des entrepreneurs, des producteurs et des managers parlent depuis une autre universalité et demandent d'*autres droits* pour la marchandise et le profit.

Et si la figure de l'interdit était occupée par « l'homme » (non pas en tant que marchandise productrice, mais en tant que... Comment le nommer ? sujet désirant, corps...), il est indubitable que l'arrêt de toute production qui, loin de satisfaire ses besoins, met en péril sa survie serait immédiat. Cette immédiateté, qu'on pourrait énoncer ainsi : « Pas de limite dans la défense du citoyen », apparaît aujourd'hui ridicule et naïve. Mais à l'inverse, il est facile de constater au quotidien l'absence de limites morales, politiques et humaines quand il s'agit de la défense d'un intérêt marchand. Dans n'importe quelle grande surface, on se rend compte rapidement du choix de la société bien-pensante, entre la défense de la plus petite marchandise et la violation et l'écrasement de la dignité d'un voleur de pommes : le principe « Tu ne voleras point » est devenu hiérarchiquement plus important que « Tu ne tueras point ». Et cette prépondérance de la marchandise s'accompagne d'une critique constante de tous les discours alternatifs qui contestaient le mode de production capitaliste.

Ainsi, les réalistes et possibilistes d'aujourd'hui glosent à l'envi sur l'échec de l'utopie pour mieux cacher l'échec ici et maintenant de la société de la marchandise et du spectacle : on parle beaucoup de l'échec des projets révolutionnaires qui prétendaient changer notre société, mais on n'évoque guère la responsabilité du capitalisme dans les graves problèmes de notre société, ni son incapacité à enrayer la déchéance.

Que tout projet et toute utopie soient totalisants dans leur pratique, cela reste d'ailleurs à voir. Bien qu'utopie soit un terme que le philosophe Alain Badiou n'utilise guère, il dit ceci : « Ce qui est la base matérielle objective de tout n'est jamais intégralement épuisé dans ce à quoi il donne lieu[1]. » Il y a, en effet, décalage, distorsion ; utopie signifie un non-topos, un non-lieu. En revanche, l'unification totalisatrice de la marchandise, porteuse de morts et d'injustices, agit ici et maintenant sans attendre les lendemains qui déchantent. Le royaume de la marchandise est, pour ainsi dire, un ensemble logiquement consistant. Dans une logique de clôture, tous les éléments doivent être faits de la même étoffe. Spinozisme de bas étage, la substance possède une seule qualité, la valeur d'échange, et la seule chose qui reste à compter est de l'ordre de la quantité.

Le monde réaliste d'aujourd'hui dénonce les utopies totalisantes pour mieux cacher son propre caractère totalitaire. Il faut, disent les réalistes, « mieux gérer ». Une armée de techniciens et de managers est donc lancée dans l'arène pour pallier avec réalisme et maturité les défauts encore subsistants de notre société.

---

1. Alain Badiou, *Cahier Yenan*, n° 4, p. 56, Maspero, Paris, 1977.

Il y aurait beaucoup à dire sur l'absurdité et le ridicule de la subjectivité dans laquelle vivent ces cadres et ces managers. Tous ces marchands de soupe et de bonheur se prennent pour de vaillants aventuriers, preuves vivantes de la « sélection naturelle » lancées à l'assaut des marchés, de la productivité, des « scoops »... Cette société ainsi définie est le symptôme de la crise structurale qui annonce la fin de l'époque de l'homme. Elle en est elle-même une dernière excroissance, une triste caricature.

Le réalisme dit démocratique et anti-utopique est une vision totalisante *ici et maintenant*, et non en perspective ; en cela, il se différencie des projets et des idéologies d'émancipation de l'époque de l'homme. En effet, dans tous ces projets, l'idée centrale était celle d'un devenir à atteindre. Cet objectif illuminait depuis l'avenir l'aujourd'hui et l'hier. Tout se passait comme si d'un point A on voulait aller à un point B. On ne se trouvait jamais tout à fait au point A (communisme primitif, monde des besoins, aliénation...) mais, surtout, on n'était pas encore au point B (communisme scientifique, monde du savoir, des libertés...). Celui-ci, pourtant, depuis son hypothétique réalisation justifiait, légitimait, rendait cohérent et, enfin, clôturait l'ensemble du parcours.

Les réalistes prétendent que nous sommes aujourd'hui, ici et maintenant, dans une sorte de point B dévalorisé dont on n'aurait plus qu'à gérer l'existant par la technique. Les discours d'émancipation ne doutaient pas de la consistance et de la centralité du point B. Mais la vision émancipatrice et la vision réaliste ont un point commun : elles s'opposent toutes les deux au concept et à la pensée de l'utopie. De nos jours, dire que Staline ou Pol Pot pouvaient en quoi que ce soit représenter une utopie « réalisée » relève davantage de la paresse intellectuelle que d'une mise en cause quelconque de l'utopie, « non-lieu » par définition inatteignable.

Entre les réalistes d'aujourd'hui et les projets d'émancipation d'hier, il existe d'ailleurs plus de points communs que ce que l'on pourrait croire. Mais surtout, et au-delà des différences formelles importantes, ceux qui se réclament de ces courants apparemment si contradictoires partagent la même logique de clôture, image de totalisation. Il reste toutefois une différence entre les prétendues totalités inexactement appelées utopiques, et la totalisation réaliste d'aujourd'hui : étant « à réaliser », les premières permettent un certain jeu dialectique entre le projet et la réalisation, alors que le réalisme marchand est une totalisation ici et maintenant qui élimine tout jeu dialectique. Cette élimination, véritable forclusion de la notion du temps, cette idée de l'immédiateté des choses sont loin de constituer un corollaire secondaire à la lutte à mort que mènent les pragmatiques contre toute pensée radicale.

Uniforme, l'univers de la marchandise n'est même plus capable de voir qu'un monde non unidimensionnel peut exister. Tout projet politique de justice sociale qui lutte contre la rareté de certains produits dont la plupart des individus sont privés est dénoncé par les pragmatiques comme un dangereux projet d'émancipation totalisante. Et bien qu'ils ne l'énoncent pas ainsi, ils ont opéré une équivalence entre la rareté (absence de produits et de biens de consommation) et le manque (fondateur du sujet humain).

La réunification du producteur avec son produit est parfois évoquée chez le jeune Marx, et c'est d'une manière naïve qu'il mentionne dans *L'Idéologie allemande* cette notion de la « vraie vie ». Toute notion de « vraie vie » va sans doute de pair avec l'idée d'un sens intrinsèque de l'histoire que les hommes avaient à découvrir. On trouve chez Marx des contradictions et des luttes. Ainsi, il écrit dans le *18 Brumaire*: « Les événements sont l'alibi de l'histoire », une histoire toute déterminée par le développement des forces productives. Il existe, dans ce sens-là, chez Marx une vision déterministe et totalisante d'une finalité de l'histoire. Elle constitue, à notre avis, le contenu métaphysique non dialectique que le mouvement communiste officiel s'est empressé de prendre pour dogme.

Mais force est de reconnaître que cette idée unificatrice, voire métaphysique, de la « vraie vie » reste une utopie référentielle; comme le dit bien T. Adorno dans *Minima Moralia*: « Seule la revendication de l'absolu, ce qui fait sortir l'homme de lui-même, rend justice au relatif ; en assumant la non-vérité, on est conduit sur le seuil de la vérité et pleinement conscient de tout ce qui conditionne la condition humaine[2]. » Tel n'est pas le cas dans une société unifiée par la marchandise où règnent l'uniformisation et la totalisation ; dès lors, toute possibilité d'éclatement passe par la critique radicale de la structure même du monde de la marchandise.

On pourrait penser que le discours des droits de l'homme aurait pour fonction de délimiter et former un véritable garde-fou qui protégerait une quelconque essence humaine contre la totalisation marchande. On entend dire ainsi fréquemment que les droits de l'homme sont les droits de la partie face au tout, du privé face au public, de l'individu face à la société. Mais dans la société marchande, toutes ces catégories — Public-Privé-Individu-Société — sont faites de la même étoffe et définies par la valeur d'échange. Dans les États de droit bourgeois comme dans les bureaucraties de l'Est, toute délimitation entre public et privé reste floue tant qu'on n'ajoute pas avant public et privé le signifiant maître « propriété ». Et nous ne voyons pas comment tracer une ligne de démarcation structurale qui laisserait d'un côté la propriété publique, de l'autre la propriété privée. D'autant que ce qui singularise la démarche métaphysique de la totalisation marchande est

2 Theodor ADORNO, *Minima Moralia*, Payot, Paris, 1983, p. 122

précisément la réunification « du deux en un », l'élimination de toute différence. Bien sûr, cette totalisation reste malgré elle toujours en projet, inachevée ; mais c'est un projet certainement meurtrier, et ontologiquement réactionnaire. Toutefois, « ça faille », « ça résiste ». Cette résistance vient d'une double singularité : celle de la résistance politique d'une part, et celle, d'autre part, de la singularité, que nous allons tenter de définir.

Faute de pouvoir déterminer un champ du privé, de l'individuel échappant à la logique marchande unificatrice, nous pouvons toujours voir dans le corps l'existence d'une singularité. Car le corps, non pas en tant que concept médical ou biologique, mais en tant que corps de jouissance, scène pulsionnelle, scène singulière de l'ancrage dans le symbolique, est ce reste qui, par essence, échappe à la logique du signifiant, au collectif et à la totalité. Ce corps est d'une consistance différente de celle du discours et de la Loi symbolique, et toute logique qui veut bien le prendre en compte doit se structurer en tant que logique de l'inconsistance, par opposition à la consistance du projet totalisant. Une logique de l'inconsistance désigne une clôture impossible, une totalité qui ne peut être pensée que comme « pas toute » (incomplète).

Maintenant, oui, nous pouvons dire que nous adhérons à un projet dit des droits civiques ou droits de l'homme, qui se fixerait comme figure de l'interdit ce corps-là, et accepterait l'impassibilité d'une harmonie finale. Il s'agit donc de défendre une conception de lutte pour les droits civiques qui, plaçant le corps et son intégralité comme figure de l'interdit, fonctionne en accord avec la logique de l'inconsistance. Cela, loin d'être un projet « utopique », existe déjà de nos jours comme projet et réalité partiels dans le cadre d'une lutte entre ces deux conceptions de l'interdit.

D'autre part, les défenseurs des droits de l'homme (ceux dont nous nous sentons les plus proches) parlent d'un « droit à la désobéissance » : l'objectif de leur lutte n'est pas la définition d'une « nature humaine », mais la praxis d'un contre-pouvoir permanent. Mais pour ne pas rester lettre morte, cette praxis — ou « droit à la désobéissance » — doit se fonder sur la logique de l'inconsistance. Il serait en effet ridicule de penser une totalité consistante qui compterait dans son corpus de lois les droits à la révolte. Nous savons bien que dans certaines Constitutions, comme par exemple celle de l'Argentine, ces droits-là sont évoqués clairement ; mais nous ne sommes pas sans savoir aussi que toute révolte, toute désobéissance ne sont évocables que dans l'après-coup.

Car la révolte et la désobéissance n'appartiennent pas au monde des *faits*, dans lequel chaque cause produit un effet voulu (en ce sens, le monde des faits peut être assimilé à celui du *savoir*). A l'inverse, la désobéissance et la révolte impliquent toujours une irruption, un vide : elles relèvent de *l'événement* et non du fait. Un statut qui renvoie à la notion de la vérité, conçue non pas comme ce qui est dévoilé petit à petit par le savoir, mais plutôt comme cette irruption, véritable coup d'arrêt qui déclare un savoir insuffisant ; la vérité fait toujours défaut au savoir.

C'est pourquoi cette vision des droits de l'homme comme lutte permanente de contre-pouvoir, qui peut se mener au coup par coup pour l'adoption d'une loi ou l'abrogation d'une autre, implique clairement que tous ces changements réalisables puisent leur légitimité et possibilité dans un objectif « stratégique » qui ne saura se réaliser comme totalité de clôture.

II

Le bonheur : ni manque, ni angoisse, ni mort, ni vie

« Il arrive au bonheur exactement ce qui arrive à la vérité : on ne le possède pas, on est dedans. Le bonheur, en effet, c'est se sentir enveloppé, réminiscence de la sécurité éprouvée dans le ventre maternel. C'est aussi la raison pour laquelle ceux qui sont heureux ne le savent pas. Pour voir le bonheur il faudrait en sortir : ce serait comme une naissance. Celui qui dit qu'il est heureux ment et, en invoquant le bonheur, il pèche contre lui. Seul celui qui dit : j'étais heureux, lui est fidèle. La seule relation de la conscience au bonheur est la gratitude : c'est là que réside son incomparable dignité. »

Theodor W. ADORNO,
Minima Moralia, Payot, Paris,
1983, p. 107.

4

L'impératif catégorique

Dans la *Dialectique négative*, Adorno avance, se référant à l'Holocauste de la Seconde Guerre mondiale, une notion importante qui mérite examen. Au moment où, ayant réussi à échapper au massacre nazi avec d'autres penseurs de l'école de Francfort, il apprend la triste mort de son ami et collègue Walter Benjamin, il élabore un concept nouveau : celui de « nouvel impératif catégorique ».

Reprenant l'énoncé kantien (« Agis de telle sorte que la maxime de ta volonté puisse toujours valoir en même temps comme principe de législation universelle »), il dit : « Hitler a imposé à l'homme un nouvel impératif catégorique pour son actuel état d'esclavage, celui d'orienter sa pensée et son action de façon qu'Auschwitz ne se répète pas, qu'il n'arrive plus jamais rien de semblable. » Et il ajoute que cet impératif n'a pas à être expliqué ni justifié. Avec tout le respect et l'affection qu'il nous inspire, nous nous proposons pourtant de le soumettre à la démarche qu'Adorno lui-même nous a enseignée, l'analyse critique. Que toute pensée ou action aient « ça » (une horreur déterminée) comme limite ne saurait en effet exclure une explication de « ça ».

Au premier abord, nous pourrions y voir quelque chose de « banalement » quantitatif : combien de juifs (on parle rarement des Tsiganes et des homosexuels) furent exterminés dans les chambres à gaz ? Mais s'il s'agit de chiffres, les vingt millions de morts de l'Union soviétique devraient alors doubler, tripler l'horreur. Ce n'est pas le cas, et lorsqu'on nomme l'Holocauste, on se réfère apparemment à autre chose, quelque chose qui ne s'explique pas, ou pas seulement par la quantité de morts.

A Auschwitz, comme dans d'autres camps de la mort, il y eut, il est vrai, des chambres à gaz, des fours crématoires. Alors, ce qui s'est passé là-bas aurait peut-être à voir avec l'horreur d'une technique et d'une rationalité avancées mises au service de la monstruosité. Que la raison, la science et la technique — illusion moderne d'une tour de Babel rationaliste — aient pu engendrer un tel monstre, c'est ce qui assurément fut le plus douloureux Ainsi fut blessé à mort le narcissisme de toute une époque

Mais revenons à l'idée centrale d'un énoncé structuré comme un « impératif catégorique universel ». Pour Kant, le royaume de la raison est de l'ordre du possible. Son impératif apparaît comme un mot d'ordre constructiviste, au sens de recherche d'une harmonie intersubjective rationnelle. Le tout se manifeste comme un élan vers une humanité réunifiée, dans une entreprise bâtie autour des quatre piliers de la modernité : la science, la démocratie, la raison et l'Occident. Cet impératif-là régit l'illusion de la modernité, dans laquelle l'homme est appelé à être sujet et maître de son histoire.

Deux voix se sont élevées contre cet idéal narcissique de maîtrise. Celle du Marx de la maturité, qui souligne l'existence, au-delà de la bonne volonté, de structures indépendantes de la subjectivité. Et avec le discours de l'inconscient, Freud a réduit la volonté de puissance et de maîtrise de l'instance consciente à un pur imaginaire narcissique.

Mais tout cela est plus qu'étranger à la logique qui mise le tout sur la conscience totalisante, toujours en quête de maîtrise. C'est ainsi que, pour Kant, la raison ne peut que triompher. Souvenons-nous à ce sujet de l'apologue qu'il construit dans la *Critique de la raison pratique* pour le démontrer. En résumé, il s'agit de dire à un homme que la belle de ses rêves se trouve tout près, dans une chambre, à son entière disposition Il pourra faire d'elle ce qu'il voudra, mais il doit savoir qu'une fois le seuil franchi, et quoi qu'il fasse, à la sortie la potence l'attend. Et Kant, avec un optimisme tout moderne, conclut que personne n'accepterait un tel marché. Bon exemple pour comprendre les racines de l'impératif catégorique. En effet, les éducateurs, pédagogues, psychologues, politiciens, économistes, écrivains, scientifiques... s'accordent, dans la modernité, pour penser que leur tâche, leur « mission » sur terre consiste à créer les conditions nécessaires et suffisantes pour que ce monde de raison puisse voir la lumière.

Quelque chose a pourtant dû bel et bien se passer, de l'ordre d'une crise de la rationalité, pour qu'aujourd'hui il ne soit pas nécessaire d'être un marxiste chevronné ou un freudien convaincu pour mettre en cause « l'optimisme » dudit apologue. A nos yeux, dans une telle situation, le problème serait plutôt de se procurer assez de potences pour servir le grand nombre de nos contemporains qui, sans aucun doute, franchiraient le seuil ; car nous savons que lorsque la pulsion montre le bout de son nez, la raison prend congé. Le quotidien n'est fait que de ces franchissements-là, la raison consciente ne venant généralement qu'« après coup » leur donner un sens.

Dans son impératif catégorique, Adorno inclut le constat d'un échec, celui de la raison positiviste, rationaliste et scientiste de « l'époque de l'homme » Il ne s'agit plus pour lui d'impératif impliquant des rêves d'humanité réunifiée autour des lumières éman cipatrices de la raison, mais de proposer à un ensem ble d'hommes et de femmes, faute de mieux, faute d'une lutte pour le mieux, d'éviter le pire.

Dans cette optique, le terme « holocauste » devient tout à coup un signifiant isolé de la chaîne signifiante (l'ensemble des mots), et il acquiert de surcroît une consistance différente de celle des autres mots. Ce mot-là a, peut-être, la consistance de la pierre, de l'acier ou de la merde, mais en tout cas, il n'est plus un signifiant qui obéit aux lois de la linguistique.

Il est courant d'entendre ou de lire de nos jours que l'Holocauste est l'« impensable », la lisière de la rationalité, l'inhumain ou le nom du sans-nom. Que l'Holocauste se soit produit de la façon dont on l'a décrit ne soulève évidemment aucun doute, mais la raison pour laquelle tous les éléments de ce puzzle de l'horreur ont donné à ce mot un caractère métaphysique (situé au-delà de l'histoire, du sens et de la pensée) nous apparaît moins claire. On doit se demander, avec le courage de la pensée, pourquoi l'Holocauste a pris, par exemple, une place qualitativement différente du génocide des Arméniens. Il est tout d'abord évident que cette différence ne relève pas d'un quantitatif de la boucherie. La réalité est là, le massacre commis par les fascistes turcs n'a nullement pris la même signification de coupure radicale de l'histoire. Dans sa *Dialectique négative*, Adorno lui-même n'a pas écrit qu'il fallait dorénavant en politique tout faire pour éviter le massacre arménien, mais bien celui d'Auschwitz Et si nous suivions l'idée naïve que les seules horreurs du génocide résident dans le nombre des victimes, Adorno aurait pu, malheureusement, citer une longue liste de massacres pour énoncer son impératif.

A titre d'exemple, la Bible nous « ensaigne » une multitude de recettes pour l'élimination de tel ou tel peuple, basses besognes dont le créateur se chargera à l'occasion. Bien sûr, nous pouvons penser que la Bible est un ouvrage de fiction, mais il reste que l'élimination de masse fut, à certaines époques, pratique courante. Plus proches de nous, l'image des cosaques saccageant et massacrant des villages entiers de juifs, la déportation sauvage, l'oppression et les massacres de populations entières d'Afrique à l'époque de l'esclavagisme mercantiliste n'ont pas davantage pris la place d'une horreur absolue, sans nom, digne de motiver le nouvel impératif : « Éviter le pire ».

En Europe, dans les années noires de l'hitlérisme, nous savons qu'environ six millions d'enfants, d'hommes et de femmes furent massacrés et cela dans une tentative concrète d'éliminer le peuple juif. Pour tenter de saisir pourquoi cet horrible carnage est perçu dans la subjectivité de nos contemporains comme qualitativement différent d'autres similaires, y compris ceux perpétrés par les Khmers rouges, une analyse nous semble nécessaire.

Celle-ci doit partir à notre sens de ce que nous pourrions paradoxalement appeler la place messianique occupée par la nation allemande avant la

Seconde Guerre mondiale. Pour se souvenir que, dans la modernité — histoire de l'émancipation de l'homme par lui-même —, le peuple allemand jouait aux yeux de la communauté internationale un rôle central d'avant-garde, nul besoin de grandes analyses historiques. Il suffit, à titre d'anecdote, de se rappeler comment l'Allemagne apparaissait dans les textes marxistes depuis Marx et Engels : c'était au prolétariat allemand d'entamer la libération de l'humanité tout entière, ce qui amena même Lénine et Trotski à voir dans leur propre révolution une quasi-hérésie, une erreur de l'histoire. Et au-delà du mouvement marxiste, la nation allemande incarnait les quatre drapeaux de la modernité — science, raison, démocratie et Occident —, destinés à conduire l'humanité vers son émancipation. Ni le peuple turc, ni les cosaques sanguinaires, ni les esclavagistes européens, auteurs de tant de massacres, n'étaient investis d'une telle mission.

Mais ce peuple « messianique », porteur de « la langue de l'être », se révéla être un étonnant « émancipateur » : une tragique erreur allait se produire, et le retour du bâton pulsionnel allait, non pas libérer l'humanité du besoin et de la dépendance, mais faire tomber tous les blocages et garde-fous contenant la folie meurtrière. Cela ne fut, malheureusement, ni la crise de l'époque de l'homme ni le fruit de réflexions et de travaux philosophiques qui confrontèrent la modernité à son propre abîme. Ni le Marx de la maturité, ni les avancées de Freud, ni la théorie de la relativité, tous fruits géniaux de la plus avant-gardiste pensée germanique, qui, chacun à leur manière, mettaient en cause radicalement la rationalité déterministe positiviste, n'ont été raison suffisante pour provoquer cette crise. La crise, celle qui couvait en son sein la mort d'une illusion, est bien venue de l'Allemagne, mais avec l'uniforme et les chants nazis.

Si l'Holocauste a pris cette place de l'« impensable » (qui au demeurant peut susciter le respect et la révérence, réactions aux conséquences insoupçonnables), c'est sans doute parce qu'à Auschwitz la raison a planifié le massacre, la science l'a rendu possible, le cadre d'une certaine démocratie n'a pas su l'empêcher et l'a même facilité, et le tout a été fait au nom de l'Occident dans un discours du bien et dans une volonté d'émancipation. Car les nazis se présentaient comme des « libérateurs », ils venaient « soulager » l'ensemble de l'humanité de ses parties « malsaines » et « dégénérées », avec la volonté de restaurer un ordre humain qui aurait été cassé, en prônant les développements de la technique pour le plus grand bien de tous.

Vouloir libérer l'humanité de ses parties malades, fût-ce par des méthodes chirurgicales sauvages, voilà bien ce qui ressemble fort, malgré tout, à un discours « humaniste ». A l'époque de l'homme, à l'époque de ladite modernité, tout se faisait au nom du bien, d'un bien collectif et total, et les thèses du national-socialisme n'échappèrent pas à cet impératif d'agir au nom du bien. Adorno l'avait compris, et dans le déchirement de cette douloureuse compréhension, il affirma l'impératif contraire: en somme, ne plus rechercher le bien, mais éviter à tout prix le mal.

De nos jours, ce mal est devenu si présent dans le discours quotidien que n'est dangereux que ce qui peut s'apparenter à l'Holocauste. A titre d'exemple, on peut citer l'impuissance de la démocratie française face à la montée du courant néo-fasciste du Front national. Les secteurs « progressistes » et « démocratiques » s'appliquent à démontrer que, d'une façon ou d'une autre, le danger du Front national renvoie à celui de l'Holocauste. Tout est utilisé dans ce sens-là, actes manqués, lapsus... ; et le matériel pour ce rapprochement ne manque pas, car, sans aucun doute, la nostalgie du nazisme fait rage parmi les cadres de ce parti.

Une question, malgré tout, subsiste. Si Le Pen ne pouvait en rien reproduire, ni de près ni de loin, l'horreur de l'Holocauste, serait-il blanchi pour autant? Nos contemporains ne trouvent-ils rien d'autre qui soit radicalement abject et repoussant dans les thèses de ce courant néo-fasciste? Peut-être, mais ils agissent en tout cas comme s'ils obéissaient à l'impératif d'Adorno. Ils font comme si le tout était de savoir s'il y a de l'Holocauste dans l'air ou pas. En tout état de cause, l'énoncé posé par Adorno est aujourd'hui largement majoritaire et dominant.

Que l'horreur soit devenue synonyme d'Auschwitz ne suffit pas. Loin de représenter un garde-fou pour l'humanité, cette assimilation s'est malheureusement transformée en son contraire, à savoir une structure de pensée métaphysique qui voile — et par conséquent autorise — toutes les horreurs au quotidien. Tous les jours, nous entendons dire que Pinochet, Stroessner, Pieter Botha, Jaruzelski, Ceausescu ne sont pas Hitler, ou bien que le massacre (non organisé) des populations d'Afrique, la mort quotidienne des jeunes Palestiniens dans les Territoires occupés, l'arme chimique mortelle utilisée contre les Kurdes, les bombardements massifs au Vietnam, les accidents tout à fait prévisibles comme Tchernobyl... ne sont pas Auschwitz.

D'Auschwitz il n'y a qu'Auschwitz, mais nous pensons qu'autour de ses victimes une « canaillerie » redoutable s'est structurée ; ces victimes tuées et massacrées sont retuées et remassacrées au quotidien dans un ressassement ignoble, véritable offense à leur mémoire. Pourtant, aucun impératif catégorique, fût-ce « Éviter le pire », ne devrait pouvoir, au nom de ces victimes, masquer, jeter un voile sur la gravité des massacres perpétrés *ici et maintenant* par la société du spectacle et de la marchandise.

Notre époque se forme autour d'un ersatz d'impératif : « Soyez heureux. » Nous savons que cela ne veut rien dire et nous sommes tout simplement freudien lorsque nous affirmons qu'en fait, faute de bonheur, les hommes et les femmes sont plus que satisfaits tant qu'ils peuvent éviter le malheur et la souffrance. Pour Freud, le bonheur et le malheur n'ont pas de visage, ils relèvent d'une dynamique. Adorno, au contraire, fixe l'archétype du malheur.

Nous voyons la symétrie flagrante des énoncés de Kant et d'Adorno, l'un structuré par la recherche du bien, l'autre dévoilant le mal par excellence à éviter.

D'un point de vue linguistique, une opération métaphysique s'opère au moment où, la dialectique métonymique s'arrêtant, un signifiant renvoie d'une façon univoque et immédiate à un seul et unique signifié. Nous ne pouvons plus parler de signifiant mais de signe univoque. C'est ainsi que dans cette vision de fin d'époque et de crise, « Holocauste » est un signe qui réveille en nous un réflexe univoque d'évitement. Oser l'hérésie de l'approcher et de l'interroger, c'est redialectiser, retemporaliser l'horreur.

Il n'est que grand temps de se mettre à cette tâche sous peine de laisser la voie libre aux seuls néo-nazis cachés derrière le label « révisionnistes ».

5

Au nom du bien

Dans la vision déterministe d'un homme en route vers un avenir certain qui caractérise la modernité ou « époque de l'homme », tous les projets, même antagoniques, sont réalisés au nom du bien. A l'« époque de l'homme », il existe ce que l'on pourrait appeler, sans crainte d'être excessif, un impératif d'universalité : tout projet vise non seulement une totalité (un tout) à venir, mais il doit également concerner la totalité des hommes et des femmes, tous et toutes. C'est ainsi qu'une lecture positiviste du marxisme fait de la suppression des classes un bien universel à atteindre, y compris pour la bourgeoisie qui disparaîtrait « pour son bien ».

Nous avons abordé précédemment d'autres aspects de la critique du progrès, ou plutôt la critique de la croyance scientiste en un progrès unilinéaire, univoque et inéluctable. A présent, un point précis nous intéresse. Dans une vision évolutionniste de l'homme, la pensée apparaît naïvement comme une accumulation de savoir. L'humanité aurait commencé à penser un jour à travers la méthode pragmatique d'essai-erreur et, petit à petit, au long des siècles, aurait affiné le mécanisme pour mieux penser. Mieux penser ? La question, à vrai dire, ne se posait pas en ces termes-là ; il s'agissait plutôt (dans la conscience collective, il s'agit toujours) de *penser bien.*

Penser bien, qu'est-ce que cela veut dire ?

Il s'agit peut-être d'abord de trouver, grâce à la réflexion, les ressorts structuraux d'une situation quelconque qui nous permettent d'avoir un rapport praxistique, c'est-à-dire pas seulement imaginaire, avec le réel. « Penser bien », « penser mal », penser « de mieux en mieux », voilà des mots qui tout seuls ne veulent rien dire. « Mieux penser » ou « bien penser » exigent un point de référence avec lequel on se mesure. Ce point-là ne posait aucun problème dans la modernité et, de nos jours, pour le sens commun « bien penser » signifie encore, sans nul doute, penser le bien.

Nul ne s'étonnerait de voir des parents paysans surpris par l'incapacité de leur fils diplômé à comprendre certaines choses essentielles de la vie. De tels exemples sont nombreux et la plus ou moins bonne littérature en est nourrie. Il s'agit là de la confrontation entre des gens qui croient religieusement à la science et le détenteur d'une technique qui, au moment de la décision, éprouve que sa technique ne lui suffit pas. Pour ces parents-là, un fils qui a eu accès au « bien penser » de la science doit nécessairement pouvoir penser le bien.

Au-delà de cet exemple caricatural, souvenons-nous des convictions des militants révolutionnaires des années soixante et soixante-dix. Personne n'était déconcerté par la répression qu'exerçait, sans rien comprendre, le policier ridicule et semi-analphabète sur ses frères et sœurs de classe. L'ignorance était sans doute à l'origine de son acte : un individu qui n'avait pas eu accès à la pensée n'était pas censé bien penser ni par conséquent penser le bien. On ne pouvait en revanche que soupçonner les intellectuels réactionnaires de mauvaise foi. Leur analyse ne pouvait être motivée que par de bas intérêts matérialistes. S'ils n'avaient pas été consciemment ou inconsciemment au service d'intérêts réactionnaires, ils auraient pu « bien penser » et, par ce fait, penser le bien.

Plus récemment, les médias, monstres de bêtise qui s'efforcent inlassablement de combler les abîmes du savoir par l'information-marchandise, ont découvert et largement commenté l'adhésion du philosophe Heidegger au parti nazi. On se demanda si, en adhérant au parti nazi, Heidegger avait été nazi ou pas.

On alla même jusqu'à imaginer qu'il adhéra au parti afin de mieux protéger l'université des « vrais » nazis. Mais, suite à un certain nombre de « preuves accablantes », il devint impossible de voir dans l'adhésion de Heidegger un acte mineur ou marginal.

Une fois les faits devenus incontournables, une seule solution restait pour résoudre la question : on se serait trompé sur la portée de son œuvre philosophique, car, s'il avait été nazi, il n'aurait certainement pas été un grand penseur. Le tour était joué. De même que, depuis la défaite de l'Allemagne, penser le nazisme est devenu penser le mal, aucun « grand penseur » ne peut « bien penser le mal » sans le condamner. Or voilà que Heidegger avait « bien pensé » le mal pour y adhérer. Une conclusion s'imposait : s'il a adhéré au mal, c'est qu'il a sans aucun doute mal pensé.

Loin de nous l'idée inutile de prendre la défense de Heidegger. Il suffit de lire, d'étudier *Être et temps* pour voir à quel point le raisonnement précédent est ridicule. Mais à une époque où le mirage de l'information prend la place de la réflexion, peu de gens s'adonnent à ce genre d'exercice. Tout le monde « sait » aujourd'hui, grâce au miracle de l'« information », le fin mot sur « l'affaire Heidegger ». Nul besoin donc de le lire. Mais pour ceux qui le lisent et l'étudient, en revenant sans cesse sur ces pages fondamentales dans l'histoire de la philosophie, l'« information » que Heidegger avait été nazi était un faux événement.

En effet, déjà après la guerre, Sartre parlait en termes très durs du silence de Heidegger sur son passé nazi. Dans sa *Dialectique négative*, Adorno oppose la position de l'école de Francfort à l'ontologie de la présence heideggérienne. Par ailleurs, on peut sans peine voir dans l'ontologie de la présence d'Heidegger les fondements d'une vision de ce que l'on pourrait appeler « l'être plein », qui se marie sans difficulté avec les thèses restauratrices du national-socialisme. Dans *Être et temps*, on trouve également le concept de destinée commune d'un peuple, penchant réactionnaire typique du romantisme allemand, de même que des passages qui peuvent expliquer son futur silence sur l'Holocauste.

Le véritable problème à notre avis n'est pas que Heidegger ait adhéré ou non au parti nazi. Il est plus intéressant de se demander à *quoi* il croyait adhérer en le faisant. Car Heidegger était certainement nazi, même si la lecture de ses œuvres révèle la contradiction radicale entre son antimodernisme et le modernisme nazi, dans sa vision et sa croyance en le progrès et la technique. Mais cela est un autre débat, et nous n'avons pas l'intention de minimiser la responsabilité qu'a prise Heidegger en adhérant au parti nazi.

Dans la modernité, penser bien était « penser le bien ». Nous pouvons toujours dire qu'à notre avis Heidegger pensait bien. Mais c'est le bien qui se veut universel, univoque et non contradictoire, qu'il faut interroger. Dans la plupart des essais théoriques de la modernité, on traite de la conquête du bien, de sa construction, du chemin à parcourir vers lui ; reste absente la définition de ce bien.

Dans la « question heideggérienne », les intellectuels se comportent comme les paysans de notre premier exemple. Comment est-il possible que quelqu'un censé « bien penser » pense le mal ? Cette « affaire » révèle ainsi la prégnance d'une idée souvent entendue chez les penseurs de la modernité, celle d'un bien central à dévoiler qui intéresserait l'ensemble de l'humanité. On pourrait trouver bien d'autres exemples de ce type. Ainsi celui de Wagner : nombreux sont ceux qui ont du mal à penser que sa musique est bonne. Wagner ayant, de par son antisémitisme, adhéré au mal, il est impossible d'accepter qu'il restât capable de produire un « bien ».

Dans la vision universaliste unidimensionnelle, l'objectif de l'histoire de l'humanité a donc un nom, le bien. Tout est fait en fonction de lui, tout s'y réfère. Il suffit de dire : « Je veux le bien », « Nous voulons le bien » pour se placer « du bon côté de la barrière ».

Si un homme politique dit : « Je veux le bien de la France », ses adversaires, qui parlent eux aussi au nom du bien, lui diront qu'il ment et qu'à vrai dire la réalisation de son programme risque de conduire la France vers un mal. Ce discours stérile est devenu depuis longtemps dominant dans ce qu'on nomme arbitrairement la gauche. Celle-ci veut le « bien » de la France, et elle s'efforce de montrer aux électeurs comment la droite les mènera vers le « mal »... et ainsi de suite. On ne cherche jamais à attraper ce diable de bien par la queue pour le décortiquer ou, plus philosophiquement, le déconstruire. Force est de constater qu'actuellement aucune personnalité politique n'a le courage d'énoncer son programme en le séparant de l'idée creuse d'un « bien universel », ni de critiquer son adversaire sans dire qu'il le fait au nom du bien que l'autre prétend lui aussi s'approprier.

Dans notre société, le bien ne s'interroge pas, car il est identifié au bonheur, et le bonheur — nous y reviendrons — est étroitement lié à la non-pensée. En effet, l'activité de penser consiste en l'élaboration de questions qui exigent le courage de s'y coltiner dans la solitude. L'idée métaphysique de bonheur, au contraire, obéit à une logique de clôture qui, se centrant sur la réponse, tente d'effacer le moment dérangeant de la question.

Il fut une époque où la discussion tournait autour de : si le « deux » devenait « un », ou si le « un » se divisait en « deux ». Nous continuons à penser que cette question reste une des façons valables de poser le problème. Le bien étant, bien entendu, du côté du « un », du super « un », véritable gouffre où toute contradiction, mouvement et devenir s'estompent.

6

Le bonheur est toujours pour demain

Pour les penseurs contemporains, les questions dites de fondement — la vérité, le progrès, la décision et le sujet ou l'émancipation, par exemple — semblent arbitraires, lointaines et inconséquentes. Le courant post-moderne les trouve, lui, dangereuses et à bannir.

Mais, dans ce qu'on appelle le quotidien — suite plus ou moins rythmée d'un même —, où ces questions n'ont pas vraiment de place, un nouvel impératif catégorique est apparu, imposé par notre société marchande et spectaculaire : « Soyez heureux ! » Il faut être heureux, profiter de la vie, « s'éclater », s'épanouir, se réaliser, se dépasser..., autant de signifiants claironnés qui dérivent du signifiant maître, le bonheur.

S'il est difficile de questionner un quidam sur son rapport à la vérité, au risque de se retrouver à Sainte-Anne, il est plus aisé de demander à n'importe qui s'il est heureux, ou mieux, s'il aimerait l'être. A cette question, tout le monde répondrait avec un sourire complice : « Mais, bien entendu, qui donc ne veut pas l'être ? » Capable d'articuler le singulier avec l'universel, le « Qui ne veut pas être heureux ? » conjugue parfaitement la singularité très honnête du quidam en question avec l'universalité négative du « Qui ne voudrait pas », à décoder très simplement comme *tout le monde* (veut être heureux).

A cette époque de crise de la rationalité, on aurait pu imaginer, avec naïveté, vivre les différences dans une efflorescence éclatée. Mais non, alors qu'on se tue à dire qu'on est contre les théories et les pensées totalisantes, un signifiant tout seul, comme un petit bateau dans la tempête, émerge du prétendu désastre de la pensée. Ce signifiant, qui trouve grâce aux yeux des déconstructeurs post-modernes contemporains, n'est pas interrogé ni mis en cause ; le bonheur tout simplement *est*.

Dans notre société en crise, où personne ne trouve plus aucun élément pour dire au nom de quoi il s'oppose à telle ou telle chose, puisque le « au nom de quoi » implique tacitement un objectif et un progrès, nos chers penseurs « désacralisateurs » n'énoncent donc pas le bonheur, mais se dressent contre le malheur. Or nous savons que les projets, les fondements et les principes, le sujet et l'émancipation passent pour des idées aujourd'hui bannies, « déconstruites » et, à vrai dire, dissoutes par les critiques de l'utopie.

Néanmoins, dans cette réalité sans fondement, plusieurs points noirs demeurent malgré tout — les guerres, la famine, l'oppression, le machisme... Et nos intellectuels s'y opposent, tout simplement, au nom du malheur qu'ils entraînent. Pour eux, bien sûr, énoncer le bonheur en tant qu'objectif idéal à atteindre apparaît trop naïf. En revanche, nous verrons comment l'homme de la rue retraduit ce message. Pour lui, le seul objectif, contre toute idée de transcendance, est le bonheur.

Ainsi, désacraliser, déconstruire, pour nous, consiste peut-être justement à remettre en cause un signifiant qui, par quelque alchimie linguistique, est sorti de la chaîne signifiante et de ce fait signifie tout et n'importe quoi.

Depuis la dialectique hégélienne, nous savons que le concept est le temps de la chose. Dans une annulation métaphysique du temps, ce signifiant-là semble s'imposer à l'universel dans l'éblouissement de la chose dévoilée. Il est à remarquer que dans les différents discours, à tous les niveaux et sur tous les registres, l'idée de bonheur va de pair avec l'idée d'un arrêt, d'un arrêt du temps, du désir, du manque, du besoin, au profit d'une situation d'harmonie parfaite, de nirvāna, dans laquelle, paradoxalement, le participant serait par définition absent. Ne pas être là, ne plus être là, s'oublier, cette formulation de la chose correspond-elle à ce que le sens commun entend par bonheur ? Nous tenterons d'étudier comment, dans notre société de marchandise, cette idée de bonheur, tout en restant abstraite et floue, prend la forme la plus banalement matérielle, faisant passer dans le sens commun une équivalence entre deux concepts aussi radicalement différents que ceux de « manque » et de « besoin ».

« Ce que l'homme veut, c'est réaliser son bonheur », écrit Ernst Bloch. Et il poursuit : « Ce sont là de bien vieilles paroles... Mais s'interroge-t-on sur la nature et l'objet de ce bonheur, et voilà que surgissent les questions et les nuances [1]. »

Être heureux serait-ce, dans la vision naïve que l'on vient d'évoquer, être à la place d'une absence, ou mieux encore, serait-ce l'absence de l'être ? Le sujet humain est un être de manque. Sartre le disait ainsi dans *L'Être et le Néant* : Tout désir est désir d'être. Désirer être, voilà ce qu'on peut difficilement répondre à la vendeuse qui nous demande : « Monsieur, Madame, vous désirez ? » Il est vrai qu'une certaine pudeur freine la plupart des acheteurs qui hésitent à demander ouvertement la puissance. Dans notre

1. Ernst BLOCH, *Le Principe d'espérance*, Gallimard, Paris, 1979, p. 101.

société qui aime croire à l'intersubjectivité — illusion de la communication —, le mécanisme consiste à faire croire que dans la demande et l'obtention de l'objet partiel (marchandise) une opération de communication parfaite et sans faille s'est opérée, faisant tomber le désir d'être dans l'oubli.

« Mademoiselle, je voudrais être puissant » : compliqué à demander. Dans notre monde de marchandise, il suffit de demander une voiture puissante ou de s'adresser à un dealer ou à un moniteur de centre de musculation pour que le leurre qui structure la demande prenne tout son sens. Le sujet désire et le « moi » doit superposer au désir d'être des envies partielles d'objets.

Lorsque l'enfant désire, par exemple, tous les jouets d'un magasin, « tout » est à prendre au sérieux et à comprendre comme : tous les jouets du magasin, tous ceux qui n'y sont plus, et surtout tous ceux qui n'y sont pas encore et qui, demain, risquent de faire défaut à son bonheur. Le « moi » négocie, notre petit sort du magasin avec un jouet, à la rigueur deux, mais rarement avec le magasin entier, et même le fils d'un émir ne pourrait avoir les jouets qui n'existent pas encore.

En d'autres termes, le sujet désire « ça », ou bien encore « ça désire », mais « ça », une fois pris dans le jeu de la langue, se comporte comme une fléchette, ou une bille de roulette qui, après avoir tourné sur elle-même, finit par désigner parmi les objets qui l'entourent un « ça » quelconque. On se tromperait si l'on réduisait « ça » à l'objet convoité, car « ça » est un objet désigné par hasard et destiné à être métabolisé, c'est-à-dire qu'il perdra le pouvoir imaginaire de combler le manque du sujet.

Il est important de remarquer que la métabolisation, à savoir le travail de la temporalité, l'historicité, se trouve dans l'objet désigné par « ça » tant que « ça » reste dans une certaine atemporalité. Que le temps soit du côté de l'objet, rien de trop difficile à comprendre. On a d'abord eu un ours en peluche, puis on a lâché l'ours pour un beau vélo tout neuf. Avec l'usure du temps, le vélo prouve à son tour que le temps est passé. De l'autre côté du « ça », le « ça » désire, s'engage et vibre, et nous reconnaissons le temps par l'histoire des objets, des lieux et des concepts investis durant notre vie.

Le besoin qu'a l'enfant du jouet est contingent. Le sujet humain, parce que « être de parole », n'est pas sujet de besoin mais un sujet de manque. En effet, l'idée de « sujet de besoin » implique tacitement la possibilité d'une clôture de ces besoins par leur satisfaction, car elle suppose toujours une harmonie possible, voire une harmonie préexistante à retrouver. A l'inverse, dans le « ça » désirant, le manque du sujet est structurant et structurel. « Ça » rebondit sur l'objet investi pour continuer à exister. L'harmonie apparaît seulement alors comme un appât imaginaire.

Soyez heureux ! La société spectaculaire s'efforce

de cacher tout manque structurel pour ne parler que des besoins, comme si un bonheur que l'on doit à une spéculation sur le bonheur n'était pas justement le contraire du bonheur... On pourrait évidemment être tenté de dire qu'un être humain a besoin de manger pour vivre, mais ce raccourci expliquerait mal les intrications inconscientes qui placent le sujet humain face au désir de vivre pour pouvoir manger. Dire que l'homme a besoin de manger pour vivre, c'est sous-entendre une logique extra-humaine aux besoins de vivre. En effet, toute réponse téléologique qui expliquerait les besoins de vivre doit puiser sa légitimité dans une instance bien plus qu'humaine, voire inhumaine.

Être heureux semble donc constituer la réponse *ad hoc* à la question : Qu'est-ce que « ça » peut bien désirer ? La société marchande s'applique à remplir le vide de la notion de bonheur par des images identificatoires du bonheur.

7

Les images identificatoires du bonheur

Étant structuré par le manque, l'être-là du sujet est un être de souffrance, en souffrance d'être. Mais que l'origine de la souffrance puisse être de l'ordre d'un « manque structurel » ne nous dit pas pour autant ce qu'il faut en faire. La société marchande, elle, apporte sa réponse : elle remplace le « ça-manque », dans lequel tout sens est à décider, par un « ça-besoin » de bonheur. Et le bonheur, nous pouvons la croire, elle sait de quoi il est fait.

Pour pallier l'angoisse, elle propose des images identificatoires du bonheur — propriété privée, voyages, famille, loisirs.. —, véritables mirages · lorsqu'on les approche, la promesse de bonheur disparaît, faisant place au malheur. Ces modèles sont toujours des modèles d'aliénation et, suivant certains classiques allemands, on pourrait peut-être dire qu'ils sont des modèles d'aliénation du « souci ». Le « souci » est là canalisé et orienté de façon musclée. La société marchande ne peut empêcher les gens de désirer, mais elle aliène leurs soucis et leurs désirs en les tournant vers le profit marchand.

Ces images identificatoires constituent toujours un ensemble clos, se suffisant à lui même. Selon le talent des publicitaires, elles sont plus ou moins niaises, plus ou moins crédibles. Ces publicitaires et journalistes, hommes et femmes d'entreprise, politiciens participent à cette duperie en tant que victimes et producteurs. En effet, il n'y a pas derrière la logique marchande un cerveau central qui coordonnerait cette dynamique tout en restant en dehors de l'hypnose produite.

Tout le monde cherche à se rapprocher le plus possible de ces images identificatoires. Car qui dit identification suppose la séparation entre l'image et celui ou celle qui cherche à s'y identifier. Dans notre pratique clinique, nous avons souvent eu l'occasion de constater que ce clivage entre l'identifié et le modèle devient d'autant plus douloureux qu'on s'approche du modèle identificatoire.

Autre point essentiel : par le truchement des mass-media, ces images identificatoires acquièrent un caractère universel. Que l'ouvrier rural du nord de l'Argentine « partage » les mêmes images identificatoires du bonheur qu'un habitant de Berlin signifie qu'il ne peut construire un modèle alternatif de vie. L'unification unidimensionnelle se fonde sur l'impossibilité pour tous d'accéder à ces images. Victimes et bourreaux sont soumis, la plupart du temps, à la même aliénation.

En ce sens, et en dehors de toute vision messianique de la classe ouvrière et des opprimés, pouvons-nous accepter l'idée selon laquelle ces opprimés, situés le plus loin de ces modèles identificatoires, peuvent y renoncer le plus facilement et en construire d'autres ? Non, car dans un monde uniformisé par la marchandise, tout le monde se trouve toujours très loin de la réalisation de ces modèles. Cette distance crée d'ailleurs une étonnante hiérarchie dans le monde. Il est entendu que l'ensemble de l'humanité partage un même idéal, le bonheur, mais il y a ceux qui semblent s'en approcher (ceux qui ont tout pour être heureux mais qui ne comprennent pas pourquoi ils ne le sont pas) ; ceux qui pourraient l'être, demain, bien sûr, travail, effort et souffrance aidant ; ceux qui savent qu'un bonheur existe mais qui, étant donné les circonstances (géopolitiques, historiques, économiques...), ne peuvent pas l'envisager ; ceux, enfin qui sont malheureux.

De nos jours, les jacasseurs dépolitisés et déradicalisés parlent des affamés de la terre comme des seuls vrais malheureux Le monde uniformisé par la marchandise a fonctionné, et grâce à ce tour de passe-passe, le bonheur, nouvelle substance universelle, réunifie par défaut le capitaliste new-yorkais et l'affamé du Sahel. Loin de toute critique du bonheur, les idéologues de notre temps se contentent de dire qu'il n'y a aucun mal à partager les images identificatoires du bonheur.

Dans le monde régi par l'idée de bonheur, plus de coupables, ni de victimes. L'humanité, joyeux troupeau sauvage, court au « trop », au pas et au galop vers le nouveau Graal. La vraie vie est définie comme étant de l'autre côté, du côté du bonheur. La vraie vie est toujours pour demain. Le quotidien des hommes et des femmes devient un ridicule entre-temps ; on peut se demander s'il y a une vie avant la mort. Comme au théâtre lors de la répétition, rien n'est tout à fait vrai, rien n'est tout à fait faux. Ainsi les acteurs sociaux sont-ils des acteurs tout court, et des notions comme l'amour, la révolution, la recherche, la souffrance et la pensée, c'est-à-dire tout ce qui relève d'une décision, se jouent dans le monde unidimensionnel du spectacle consommable. L'amour ou les tourments sont vécus par personne interposée. Le monde la fiction devient la vraie vie et, dans le quotidien du spectateur moyen aliéné, il ne se passe jamais rien.

8

L'unification du quotidien, ou : pas de sonnette d'alarme

Le monde régi par l'idée unidimensionnelle de bonheur condamne, dans son quotidien, le citoyen devenu spectateur à un rôle de figurant. Il est courant d'entendre ou de lire : « Comment les gens ont-ils pu permettre que cela se passe ? » « Cela » pouvait être la rafle des juifs par la police française, le massacre des contestataires et des intellectuels en Argentine... Et les gens de dire : « On ne savait pas. » On voit, on entend peut-être, mais « on ne sait jamais rien ». Le quotidien se déroule comme dans un film où tout se tient, tout est cohérent et rien ne vient casser cette harmonie.

Les témoins contemporains de différents massacres omettent toutefois une seconde phrase, prononcée parfois : « Ça doit être pour quelque chose... qu'ils les emmènent. » Ces mots ont le pouvoir de remettre de l'ordre dans les choses, ou les choses en ordre. Ces gens emmenés, ce que nous voyons, n'est rien d'autre que l'effet logique et nécessaire d'une cause logique et suffisante. C'est du quotidien, ce qui conduit à dire : « Il ne se passe jamais rien. » Cette expression correspond au monde des faits sans rupture, irruption ou vide (ces événements réifiés dont parle Adorno), qui ne place pas le spectateur face à l'angoisse d'une décision possible dont il porterait la responsabilité. Prendre une décision implique en effet, au préalable, la reconnaissance de l'imprévu, de la faille par rapport auxquels le sujet en se constituant lance un pari. Il ne s'agit pas de dire que le spectateur doit simplement arrêter de regarder le spectacle de sa propre vie pour dire : « Ça me regarde. » Non, le « ça me regarde » n'est pas un constat mais une décision.

Presque tout le monde est d'accord pour dire : « Dans certains cas, il y a des gouttes qui font déborder le vase, des cas où il faut agir... » Mais ces cas dans lesquels un trop (grave ?) est décelé sont toujours situés dans le passé, et lorsque le quidam dit qu'il ne laisserait pas partir les trains bondés de juifs sans réagir, il est difficile de le croire. Le problème est en effet que ce « trop-là », cette goutte, a, pour les contemporains de la chose, une dangereuse saveur de quotidien. Notre quidam n'a-t-il pas vu la veille aux informations un des multiples reportages sur les massacres de populations entières en Afrique ? Mais voilà, « ça doit être pour quelque chose », l'avancée du désert, le problème de la dette des pays sous-développés.... D'ailleurs, dire qu'il croit que cela ne le concerne pas directement est sans doute excessif. Et s'il se sent tant soit peu concerné, il trouvera bien une organisation humanitaire pour calmer sa conscience. Combien voulez-vous donner pour pouvoir manger tranquille et savoir qu'ici il ne s'est rien passé ?

Nous ne pensons donc pas que la famine et les massacres « regardent » quelqu'un en particulier et, au-delà de toute vision surmoïque du « devoir », essayons de décortiquer ce quotidien « où il ne se passe jamais rien ».

L'histoire, dans son sens le plus courant de passé, est toujours racontée et reconstruite d'une drôle de façon. Peu de gens savent aujourd'hui ce que signifie ou quelles conséquences peut avoir le ressurgissement d'un courant fasciste en France, accompagné de l'effondrement de tous les espoirs qu'une partie de la population avait placés sur la gauche. Mais si un historien nous évoque les premiers députés nationaux-socialistes au Parlement allemand, ou nous remémore l'ambiance échauffée d'un meeting nazi aux environs de 1935, un mauvais goût nous vient à la bouche, la nausée est là, nous connaissons la fin, les camps d'extermination, la folie nazie qui sert à « justifier » la folie atomique de Nagasaki et Hiroshima. Tout cela, nous le savons. L'historien tisse son récit et nous présente chaque point de ce récit comme chargé de sens, série de signes annonciateurs et univoques, sorte de sonnette d'alarme, avant-goût de l'horreur à venir pour le lecteur averti.

Aujourd'hui, dans une vision manichéenne de la résistance au nazisme, nul doute que le seul et bon choix était d'y adhérer. Mais pour les contemporains, les choses étaient différentes. La Résistance apparut plutôt comme l'activité d'un groupe de marginaux, tout compte fait hors la loi. De nos jours, l'amateur de belles images trouve normal de témoigner son admiration à ces courageux résistants ; il lit une histoire, prend parti et admire les combattants. Mais pour le militant traqué à qui on ferme les portes avec méfiance et mépris, la prise de décision, l'idée que lui tout seul peut avoir quelque chose à faire avec l'histoire, constitue un pas décisif contre l'inertie du quotidien. Alors résister passivement ou activement part certainement d'un grand courage et constitue une réflexion, mais ce n'est pas le plus difficile. Le plus difficile réside dans ce moment même où la personne ose prendre la responsabilité de déchirer le tissu du quotidien. Geste de gravité dont il n'est même pas sûr, le premier risque n'étant pas la répression, la prison ou la mort mais la possibilité de s'être trompé dans son pari. En effet, prendre parti, prendre une décision relève toujours d'un pari.

Il existe, d'une part, une possibilité idéaliste. Elle consiste à décider de son propre chef qu'une rupture, une fissure s'est produite dans le tissu social et que nous allons nous y inscrire par notre action ou bien que notre action décide et provoque cette fissure. Le risque historique et politique de cette décision est alors celui d'être « à côté de la plaque ». Ainsi, il paraît clair aujourd'hui qu'une action violente tendant à éliminer Hitler et son état-major avant la guerre aurait pu changer le cours de l'histoire, mais cela, nous ne pouvons le dire qu'après coup.

Il existe d'autre part une vision positiviste et objectiviste de l'histoire. Elle consiste à ne rien faire, parce que nous sommes convaincus que le texte de la pièce qui se joue s'écrit tout seul et que, le moment venu, l'histoire nous fera signe. Et celui ou celle qui énonce : « L'heure est venue de... », ou « Nous en avons assez de... », ou encore « Dorénavant, il est possible de... », risque toujours d'être pris pour un halluciné coupé du réel.

La parole du militant qui se révolte, la parole d'un Spartacus, d'une Rosa Luxemburg, d'une Louise Michel... se différencie de ce qu'Adorno appelle le « jargon », discours aliéné et parole vide. Le discours libre, la parole pleine engagent le militant dans et par son corps. Mais le sacrifice du corps ne saurait transformer le jargon en parole : nous avons été témoins très souvent et un peu partout dans le monde du sacrifice de certains camarades et parfois amis qui ont essayé par leurs actes et par leur mort d'affirmer la justesse de leur révolte. Malheureusement, il ne suffit pas de se faire tuer pour avoir raison.

Au moment de la décision, et contre l'inertie du quotidien, l'angoisse du vide se joue entre ces deux possibilités, jargon et parole. Sur le coup, il s'agit de tenir pour intolérable une situation que la plupart des gens considèrent comme normale malgré les inconvénients qu'elle entraîne. Mais on aurait tort de croire que ces inconvénients constituent en eux-mêmes une « cause suffisante » à l'apparition de la révolte. Bien au contraire, cette espèce d'injustice quotidienne fait partie d'une sorte de « malheur normal » auquel les gens s'habituent ; et, paradoxalement, c'est l'espoir de « changer la vie » qui devient anormal.

Pour les hommes et les femmes qui vivent dans l'oppression et l'aliénation quotidiennes, le « on ne savait pas », énoncé après coup, se réfère peut-être à autre chose. Car tout le monde sait toujours et tout le monde finit toujours par savoir « ce qui se passe d'horrible ». Ce que les braves gens « ne savaient pas » en Allemagne, au Chili, en Argentine, en Afrique du Sud, en Euskadi..., c'est qu'il était possible de se révolter. En voyant partir, au petit matin, les convois de l'horreur, ils disent : « Ça doit être pour quelque chose », et invoquent, par là, comme une prière désespérée, une raison logique supérieure qui rendrait à la norme, au pensable, au quotidien ce qu'ils ne saisissent pas instantanément.

Dans tous les pays du monde, dans toutes les langues ou dialectes, les représentants de l'ordre établi, tel le flic du quartier, répètent sans se lasser cette phrase incantatoire : « Circulez, circulez, ici, il n'y a rien à voir. » Le résistant n'est rien d'autre que quelqu'un d'un peu bête qui reste convaincu qu'ici et maintenant il y a certainement quelque chose à voir, et, qui plus est, qui le concerne.

A ce propos, nous nous souvenons d'une anecdote rapportée par un de nos collègues, psychanalyste argentin. Il se promenait en compagnie d'une amie, un soir à Buenos Aires, dans un quartier central ; ils allaient au cinéma. Alors qu'ils marchaient dans une très grande avenue, ils aperçurent soudain, devant eux, un groupe de militaires tenant en joue une quinzaine d'hommes et de femmes allongés par terre, bras et jambes écartés. Ils ne pouvaient manifestement pas traverser la rue et pourtant un militaire criait rageusement : « Circulez, il n'y a rien à voir. » Ils enjambèrent alors les corps à terre et poursuivirent leur chemin. Notre collègue termine son récit par une réflexion « très professionnelle » à propos de la reconstruction de la réalité dans la névrose, et il explique qu'« au choc premier a rapidement suivi un retour aux petites tracasseries de la journée ». Nous savons tous qu'à cette date plus aucun prisonnier n'arrivait vivant en prison.

Avec la double distance géographique et temporelle, cet exemple peut sembler aberrant. La première interprétation, facile, irait dans le sens d'une condamnation dudit collègue, le taxant sinon de « collabo », du moins de lâche. Mais les choses ne sont pas si simples. Sur le moment, la peur aidant, on pouvait penser que, malgré la violence évidente des militaires et le côté désagréable du spectacle, le « tout » obéissait à une logique quelconque. Le « Ça doit être pour quelque chose » deviendrait plus tard « On ne savait pas ».

Que peut-on se dire dans cette situation ? En écartant d'emblée le cas du complice du régime, avançons quelques hypothèses concernant le passant moyen placé dans une situation de ce genre. Il peut penser, par exemple : ces gens allongés par terre ont quand même dû commettre des actes répréhensibles, de bonne foi, sans doute, mais dans un désespoir qui les a condamnés. Il n'est peut-être pas d'accord, il désapprouve même les méthodes de la répression. Il pense que, le jour venu, il adhérera à un projet « sérieux » de résistance, mais pour le moment la vie continue. Il est possible que les Français aient pensé qu'après tout les juifs avaient exagéré, que leurs agissements avaient provoqué une colère qui maintenant retombait sur eux, mais la vie continuait là aussi.. Les gens sont sensibles à des méthodes et des procédés qu'ils considèrent comme « excessifs » ou « trop durs », mais la vie continue... Toutes ces figures de l'horreur ne sont remémorables qu'après coup ; sur le coup, tout semble couler de source. En vérité, aucune sonnette d'alarme ne retentit sur le coup pour indiquer à l'ensemble de la société l'arrivée de l'horreur, de l'excès, et signifier que le moment est à la décision.

Reprenant les catégories d'Alain Badiou, nous dirons que ce moment de rupture place l'individu au bord d'un vide, moment où une décision, sur ce site événementiel, peut être prise. Pour lui, l'événement n'est pas un fait plus grand ou plus important que les autres. Le monde des faits est celui du sens, de la réalité de la situation. Le vide du site événementiel, en revanche, loin de dévoiler quoi que ce soit, place les hommes et les femmes face aux limites de la situation. Ce vide-là peut toujours être rempli par un succédané de savoir, par un pseudo-fait qui réordonne les choses tout en évitant l'angoisse et le risque d'une décision.

Qu'il n'y ait pas de sonnette d'alarme, que l'événement ne puisse être nommé qu'après coup, oblige, sur le moment, les individus à se lancer dans une série d'enquêtes pour déterminer le véritable caractère de rupture qu'ils croient déceler.

Que de naïveté narcissique de la part des gens qui, plongés dans le quotidien unidimensionnel, persévèrent dans la certitude que, le jour venu, ils sauront se révolter contre l'horreur ! Si l'événement était un fait plus important que les autres et si cette importance était accompagnée d'une alarme franche, on pourrait adhérer à l'idée du réveil collectif à l'écoute de cette sonnerie. Mais voilà, la liberté, l'exercice de la liberté ainsi que la réflexion éthique ne se nourrissent pas de « faits importants » ni de « grands moments historiques ». L'exercice de la liberté relève, au contraire, d'un quotidien alternatif, d'un *être là* éveillé.

Contre la pensée d'un réveil collectif, de la goutte d'eau qui ferait déborder le vase plein d'un prétendu supportable, tout milite. Ce qu'Althusser nommait les « appareils idéologiques d'État » — la famille, la prison, l'école, l'armée — est là pour inculquer aux citoyens spectateurs cette profonde sensation d'extériorité envers « ce qui se passe ». La première et la plus fréquente réaction découle plutôt d'une gêne honteuse, on n'ose pas se prendre au sérieux en s'occupant de problèmes graves, car l'unidimensionnalité du quotidien produit l'infantilisation et l'impuissance. Avant même de songer à prendre ou non une décision, la plupart des gens sont vaincus par la conscience très nette que tout cela ne les regarde pas. La réalité spectaculaire ou la vie devenue spectacle placent au même niveau les aventures amoureuses d'une princesse d'opérette et la guerre du Golfe. Tout est pareil, tout est surtout très lointain.

Une autre anecdote nous vient à l'esprit, rapportée par un ami : dans les années noires de la guerre d'Algérie, il se trouva appelé au contingent avec un groupe de jeunes qui, comme lui, n'étaient ni des intellectuels ni des militants révolutionnaires, et dont la seule grille de lecture du monde, la seule référence « théorique », était une vague formation chrétienne qui leur avait donné quelques éléments d'un humanisme flou. Rien ne permettait à ce groupe, débarqué en Algérie en pleine guerre, d'analyser la situation en des termes d'anticolonialisme, d'impérialisme ou de lutte des classes. De plus, à leur avis, l'horreur était des deux côtés. Ils avaient clairement conscience qu'un de ces deux côtés-là allait tirer sur eux. A la suite de multiples discussions, ils arrivèrent à une conclusion : il y avait là-dedans quelque chose qui les dérangeait, quelque chose qui ne tournait pas rond, qui relevait d'un non-sens. Ils ne le nommèrent pas indiscernable, indécidable, pourtant ils prirent une décision : ils n'allaient pas tirer, ils feraient tout pour ne pas avoir à faire usage de leurs armes et cela, bien entendu, au risque de leur vie. Qu'ils aient risqué leur vie est compréhensible parce que toute parole donnée engage le corps, se joue dans le corps.

Mais ce que notre ami nous racontait, vingt-cinq ans plus tard, était centré sur un autre risque. Il nous expliqua qu'en prenant une décision, en devenant sujet dans cette histoire, il risquait tout d'abord le ridicule. En effet, avant de s'appuyer sur les baïonnettes, avant de se servir des prisons et des matraques, le système dominant compte sur cette sensation-conviction du citoyen-spectateur que le spectacle de la vie sociale et politique ne le regarde surtout pas. La première surprise de celui qui exerce sa liberté de citoyen est donc d'oser braver le ridicule en ayant la prétention que ce spectacle-là peut devenir la scène de sa vie et qu'il peut décider du rôle qu'il jouera.

Pour les citoyens-spectateurs, ce « braver le ridicule » est vécu et rapporté comme un geste d'enfant osant se mêler des affaires des grands. Dans la société du spectacle, tout est parfaitement structuré pour maintenir cette image. On parle d'ailleurs des « grands de ce monde » pour désigner les nains moraux auxquels nous déléguons notre puissance pour mieux nous opprimer...

9

Émancipation et bonheur, ou : le bonheur par le travail

On s'accorde généralement à appeler la modernité « époque de l'homme », « fin de l'époque de Dieu ». Ces énoncés-là sont à saisir comme énoncés de base d'une société, toujours nommés dans l'après-coup, et ne relevant jamais d'une décision consciente mais plutôt d'un « être là » de la structure sociale. Le passage de l'époque de Dieu à l'époque de l'homme est un constat. Toute cause historique visant à l'expliquer n'est toutefois qu'une condition nécessaire, mais non suffisante, à sa compréhension.

Toute époque est structurée autour d'un vécu subjectif de la temporalité (conception particulière du temps). Celui de l'époque de Dieu fut caractérisé par un parallélisme entre le temps cyclique, éternel retour du même pour les hommes sur terre, et le temps éternel de Dieu. Cette conception disparaît avec l'époque de l'homme. Cette dernière transgresse en effet l'interdit fondamental illustré par le mythe de la tour de Babel : accéder au royaume du savoir et de la vérité réservé à Dieu.

Du côté de Dieu, la perfection avait le visage d'une immobilité atemporelle. Ce monde-là, dans une réalisation métaphysique, était le monde du bien absolu. En bas, dans ce bas monde, piégé dans sa matérialité, l'homme savait que tout passage vers le monde de la perfection ne pouvait être envisagé que comme trépas. A l'inverse, l'époque de l'homme est caractérisée par la certitude pour l'homme ici-bas qu'il est possible de parvenir à la perfection. Le mythe de la modernité est sans doute celui d'une tour de Babel rationaliste à laquelle la réussite est promise.

Dans la *Dialectique négative*, Adorno écrit, en référence à la fondation de l'époque de l'homme : « Les catégories métaphysiques survivent sécularisées dans la question sur le sens de la vie... » En effet, toute question sur le sens de la vie était pour ainsi dire informulable dans une logique déiste : dans le monde de la Loi divine, monde du sens, des fins et des objectifs, toute question adressée par l'homme à lui-même était impossible, car la réponse (qui, au demeurant, préexistait à toute question) se trouvait dans une instance supérieure à l'homme, au-delà de la vie. La sécularisation, qui marque le début de l'époque de l'homme, consiste à redonner à l'homme la possibilité de s'interroger sur le sens de la vie.

Dans la modernité, même les penseurs croyants doivent structurer leurs dogmes d'après ses exigences rationnelles ; le père Teilhard de Chardin en est un bon exemple. Il suffisait pourtant d'un coup d'œil rapide pour s'apercevoir que l'édifice de la perfection n'était pas encore en chantier : la rareté des biens plongeait la grande majorité de l'humanité dans une situation de besoin très lointaine de l'idéal ; mais, excepté Marx, les penseurs et théoriciens de la modernité n'ont pas accordé une place prépondérante et déterminante à cette réalité. L'homme apparaissait surtout comme souffrant de l'ignorance, de maladies, d'envies, d'angoisses, de jalousie, série non exhaustive de malheurs qui, dans leur négativité et leur concaténation, lui montraient le chemin à suivre dans son combat, dans son cheminement vers le bonheur.

Sans doute, la question sur le sens de la vie a-t-elle traversé la modernité d'un bout à l'autre. Les points de vue concernant cette émancipation étaient — et sont encore — qualitativement différents et très souvent antagonistes, mais leur dénominateur commun reste la définition d'un but universel et émancipateur à atteindre. Tout est fait au nom de l'homme, il suffit de définir au départ ce que homme veut dire. Ainsi, dans la vision aberrante du IIIe Reich, il s'agissait *aussi* de défendre et d'émanciper l'homme tel que le définissaient les thèses racistes, à savoir différent des races inférieures et/ou dégénérées qui risquaient, en le « contaminant », de le mener à sa perte.

Le questionnement sur le sens de la vie constitue en lui-même le piège central de la modernité. Nous pourrions réfléchir très longtemps, tout le temps au moins de la modernité, au premier terme de cette question (le sens). Dans une logique paradoxale, dans une pensée du sujet comme l'a définie Alain Badiou, nous préférons renverser l'ordre de la question en posant la problématique non pas du côté du sens, mais du côté de la définition du concept même de vie.

Car l'idée d'une vie allant de soi est une idée toute moderne ; et c'est l'« être » de l'homme qui semble défini par cette catégorie si particulière, la « vie ». Dès lors l'entreprise d'émancipation humaine prend la forme un peu naïve et souvent « meurtrière » de défense et de protection de la vie. La vie ne se situe plus, comme à l'époque de Dieu, du côté de la souillure de la matérialité, au contraire sa promotion devient un objectif en soi.

Autrefois, les choses paraissaient simples : « La vie veut la vie. » Avec moins de candeur, les politiciens, scientifiques et autres vedettes de la modernité énoncent aujourd'hui clairement ce qu'ils appellent « la lutte contre la mort » : le mal est là, le mal, c'est la mort et ses parentes, maladies, faiblesses, handicaps, impuissances, inadaptations...

La vie s'interroge donc sur son sens parce qu'elle se vit comme une fin en soi, toujours identique à elle-même. Le principe d'identité veut que la vie soit égale à la vie. Dans la logique mathématique, le principe d'identité est énoncé ainsi : *Au-delà de tout sens, au-delà de tout contenu sémantique, A est égal à A.* Autrement dit, la vie est présentée comme *préalable* à tout sens, la vie donc EST ; et pour ce qui est du sens, soit vous repasserez, soit vous le chercherez, le dévoilerez, le construirez, ou vous nierez son existence. Ces cinq possibilités caricaturent assez justement les principales lignes de la pensée philosophique de la modernité.

Dans cette perspective, les meilleures armes dans le combat pour la vie sont la science et la technique, alliées au sein même d'un « progrès incontournable » vers la « défense de la vie ». Et l'idée même de progrès apparaît métaphorisée dans le vécu du quotidien par le développement des sciences et techniques, dont l'objectif souvent avoué est une vie sans limite.

Cette vision est bien celle du Marx des *Grundrisse*, pour lequel développer les forces productives signifiait donner à l'humanité les moyens de vaincre la rareté, la famine, la misère... Dans la lecture moderne de Marx, le développement des forces productives implique le passage du royaume du besoin à celui de la satiété, ou encore de la nécessité à la liberté. Dans toutes les philosophies de la modernité, l'idée de nécessité s'oppose à celle de liberté, la première signifiant contrainte, besoin, dépendance; la seconde, possibilité, satiété. Ce couple nécessité-liberté constitue le noyau de la rationalité déterministe, pour laquelle il n'est pas question d'inverser les termes de cette véritable paire ordonnée. En effet, il paraît clair que les développements de la technique, de la science et des moyens de production ne peuvent aboutir qu'à la protection de la vie. Ainsi, le technocrate et le scientiste n'ont plus à s'interroger sur le « sens », la technique et la science étant la figure même du sens. Le sens scientiste, dont l'évolution est sans contradiction, identique à lui-même vers un avenir de totalité, constitue sans doute le lieu d'enracinement d'une pensée métaphysique dans la modernité.

A cette exégèse moderne de l'œuvre de Marx, nous pouvons opposer une autre interprétation. La première, en effet, comprit toujours l'évolution des forces productives comme celle des moyens de production, entraînant par là une vision unidimensionnelle et scientiste de la société humaine. La seconde tient compte de la possibilité pour la force de travail de devenir sujet de révolte, alors que l'approche classique la réduit au statut de marchandise.

Nous le savons, la force de travail est ce que l'ouvrier et le travailleur vendront, et le prix de cette force de travail, sans cesse régulé par les lois du marché, tend à s'identifier avec le coût de reproduction de celle-ci. Prix de reproduction de la force de travail, force de travail, le jeune Marx des manuscrits de 1844 connaît la sidération de la réalité à laquelle ce concept renvoie. Les hommes et les femmes n'ont que chaque minute, chaque heure, chaque jour de leur vie à vendre pour garantir leur survie, et ce temps qui leur est pris capture et scande les mouvements de leurs corps piégés. Le fait que l'homme travaille et pourquoi il travaille, voilà quelque chose qui tombe sous le sens : le sens de la vie peut-être.

Cependant, nous savons tous que les idées de travail et de nécessité n'ont pas toujours été les mêmes. Malgré l'« unification » du monde, elles sont différentes dans des régions où persistent une subjectivité de la temporalité précapitaliste. Au Moyen Age, la réponse à cette question était certainement différente de celles, par exemple, données par les tristes et ridicules yuppies de notre temps. Quelqu'un labourait la terre à la fois pour manger, honorer Dieu et perpétuer une tradition... Mais ce travail-là ne représentait certainement pas un chemin miraculeux vers un changement radical du quotidien. Non pas, comme le croyait Saint-Just, que le bonheur ait été une idée nouvelle en Europe, mais il n'était pas systématiquement lié à la réussite dans le travail.

Mais avec le passage à l'époque de l'homme, l'idée de travail apparaît directement liée à la question du sens de la vie, le travail étant capable de nous conduire directement vers un bonheur sur terre, produit d'un effort. Et tous les « beaux » et « biens » divins, qui relevaient auparavant d'un « déjà-là » dans un au-delà céleste, se fondent et se transforment en une question sur le sens de la vie de l'homme qui se matérialise dans le développement des forces productives (science, technique...), figure même d'un progrès inéluctable.

De nos jours, pourtant, plus personne ne peut prétendre sérieusement que tout progrès technique ou scientifique relève inéluctablement d'un « bien » intrinsèque pour l'ensemble de l'humanité. La science ne peut être ni neutre, ni progressiste, ni réactionnaire en soi. Elle relève, dans la dynamique du sujet, d'un projet et d'un pari fondateurs d'une réalité nouvelle.

Explicitons cela en distinguant deux façons d'énoncer, et donc d'interpréter, l'événement et le discours de la science. Pour la première, la science est la praxis qui permet l'énonciation — par le biais du mathème — d'un certain nombre de lois vérifiables en situation. Pour la seconde, celle de la modernité, le discours scientifique a pour objectif d'être le révélateur des causes (suffisantes et nécessaires) du fonctionnement du réel. Par exemple, nous pouvons toujours dire que la loi de la gravitation universelle est vérifiée dans une certaine situation (par exemple, non quantique). Cet énoncé est différent de celui qui expliquerait l'attraction entre les corps dans l'espace « à cause » de la gravitation universelle.

Cette dernière perspective, celle du scientisme, recèle une ambiguïté fondamentale. Car la cause peut être à la fois origine et objectif. Ainsi, imaginons qu'on interroge un homme affolé qui court dans la rue : il pourrait nous répondre que la cause pour laquelle il court, son objectif donc, est d'atteindre la caserne la plus proche et tout cela à cause, en tant qu'origine, d'un incendie dans sa maison.

L'idée d'un sens de la vie a à voir avec cette conception de la cause dans sa double signification d'origine et d'objectif. La temporalité capitalistique, c'est-à-dire la subjectivité dans laquelle les individus vivent la dimension du temps, est scandée par l'idée chimérique de la réalisation d'un bien par un mal, d'un soulagement par le biais d'un effort. La temporalité capitalistique pose le vecteur travail dans l'axe qui va du point motivation au point bonheur. Cette conception triangulaire structure les fondements mêmes du sens commun de nos contemporains : il existerait le moment de la motivation, le moment de la réalisation, et le moment de la fin. Ainsi, tantôt la fin justifierait les moyens, tantôt la fin déterminerait les moyens... La cause ne sera plus interrogée. Nous voyons dans cet oubli la conviction, la plupart du temps implicite, de l'identité entre les deux formes de cause.

Dans notre monde, le quotidien de la grande masse tourne autour du seul terme qui le remplit, le travail. Comme le dit très justement Jean-Marie Vincent, « la centralité du travail, la valeur qui s'autovalorise en se soumettant les autres valeurs, interdit, en effet, qu'on puisse la prendre comme un moment parmi d'autres de la vie quotidienne. Il est plutôt le point nodal autour duquel s'agglomèrent et prennent consistance (plus ou moins) les autres activités. Loisirs, activités cognitives, relations affectives, etc., n'ont de réalité que par comparaison (ou opposition) avec le travail abstrait et sa dynamique totalisante au niveau sociétal[1]... ».

Le travail continu a à voir avec ce caractère sémantique de vecteur vers un bonheur ou prétendu bonheur ; mais par une opération métonymique perverse, la seule chose que la plupart des individus connaissent est le vecteur travail. Dans nos sociétés en crise, l'aléatoire idée de bonheur semble le plus souvent réduite à la seule apparition, à la seule possibilité d'avoir au moins un travail. C'est ainsi que, si la souffrance et l'effort apparaissent justifiés par la carotte imaginaire d'un bonheur à venir, le seul bonheur, de nos jours, a pour nos contemporains la redoutable figure de la souffrance.

Dans nos sociétés « centrales » marquées par le « consensus », l'unidimensionnalité et la « miraculeuse disparition des classes sociales », les classes dominantes tentent et réussissent à responsabiliser et en même temps à culpabiliser les classes populaires grâce à l'idée que le seul fait d'avoir un travail, étant donné sa rareté, est un bonheur en soi. Dans les pays

1. Jean-Marie VINCENT, *Critique du travail*, PUF, Paris, 1987, p. 141.

du tiers monde, les classes dominantes pleurent parce que leurs peuples, encore situés dans une subjectivité précapitaliste, « refusent » de voir dans le travail productif un bonheur quelconque.

L'émancipation de l'homme, qui était le roman de la modernité, devait, entre autres, le libérer des souffrances dues à la rareté. Le travail, ainsi conçu comme moteur des forces productives, apparaissait comme chargé de sens. Aujourd'hui, nous constatons avec une certaine surprise que le développement des forces productives se comporte comme un diablotin capricieux : nous sommes capables d'envoyer un homme sur la Lune, de regarder l'atome en direct grâce au microscope tunnel, mais aucun de ces admirables exploits ne peut sauver la vie des enfants du tiers monde.

La question du sens de la vie, il faut le comprendre, relevait sans doute d'une grande épopée, d'un rêve magnifique. Aujourd'hui, ce rêve a trop pris la forme d'un cauchemar.

Quand un(e) ouvrier(ère) travaillait à l'usine, un(e) scientifique cherchait dans son laboratoire, un(e) maître(sse) éduquait ses élèves, un mineur creusait la montagne, leurs actes relevaient d'un dessein universel, nécessairement porteur d'un bien universel. L'idée du sens était l'idée d'un bien, à la fois cause et effet dans cette paire ordonnée de la modernité travail-bonheur.

Chaque époque connaît son malheur, et chaque

époque laisse ses fruits bons et/ou mauvais. La modernité ne fait pas exception à cette règle. Mais cette époque charnière de crise, que nous vivons sans l'avoir choisie, détruit cette logique triangulaire. Et la seule chose qui reste au royaume de l'uniformité est la réalité d'une apologie du travail, travail qui ressemble à une fourmi devenue folle, transportant sa lourde charge de nulle part à nulle part.

III

Bonheur immobile et temps sans faille

« C'est par la liberté que nous pouvons établir à chaque instant un recul par rapport à notre essence, qui devient sans force et suspendue dans le NÉANT, inefficace ; la liberté établit une solution de continuité, elle est rupture de contact. Elle est fondement de la transcendance parce qu'elle peut, par-delà ce qui est, projeter ce qui n'est pas encore. »

Jean-Paul SARTRE,
Les Cahiers de la drôle de guerre,
Gallimard, 1983, p. 167.

10

Le temps comme monnaie échangeable, ou : vers un temps éclaté

Dans nos sociétés marchandes est apparue une singulière équation, connue et énoncée par tous, mais dont très peu réalisent la portée : le temps est de l'argent, le « est », encore trop ambigu, pouvant être remplacé par un signe d'égalité. Dans l'effort égalitariste de la société capitaliste, le temps est la valeur de toute marchandise (rareté) ; mais il devient aussi lui-même une marchandise.

Pour mesurer la valeur d'une marchandise, au temps de travail socialement nécessaire à sa production doit être ajouté le temps de travail nécessaire à la production des outils, à la formation des ouvriers, etc. Tout cela fait beaucoup de temps ; et souvent, dans notre société hautement technicisée, la fabrication de certaines marchandises courantes requiert un temps supérieur au temps de vie d'un être humain. Nous pouvons donc aisément imaginer le cas d'une personne qui aurait besoin ou envie de certains produits, mais dont le temps de vie ne suffirait ni à les produire ni à produire un quelconque équivalent. Cette personne-là n'ayant pas le « temps », on peut penser qu'elle n'a pas de solution. Mais on se tromperait, car cette personne peut posséder de l'argent équivalent à ce temps, des « équivalents temps échangeables » (E.T.E.), c'est-à-dire du temps accumulé. Avec ces E.T.E., elle pourra s'acheter et jouir de tout ce dont les autres peuvent être privés.

Pour que le temps puisse devenir monnaie d'échange, pour qu'il puisse être accumulé dans des coffres-forts, il a fallu que nos sociétés le rendent mesurable, divisible, uniforme. La base du temps capitalistique est tout simplement qu'une minute est égale à une minute. Le temps est perçu comme une suite uniforme et invariable de « maintenants » (Heidegger). Au maintenant d'hier suivent le maintenant d'aujourd'hui et celui de demain, le futur étant un simple maintenant qui arrivera inéluctablement. Ce temps-là, le « temps de la montre », est un temps qui passe sans qualité, hiérarchie ni fondement et principalement sans vide, sans interruption, sans irruption ni discontinuité.

Le principe de la caution, aux États-Unis (abusivement appelés « Amérique »), est un exemple de l'utilisation au quotidien de cette notion du « temps de la montre ». Dans un système juridique pervers, l'équivalent temps-argent devient macabre car, indépendamment du délit ou du crime, tout prévenu sera libéré s'il possède assez d'argent. Vous donnez à la société une quantité de votre « capital temps » (la durée de l'emprisonnement), ou son équivalent en « capital argent ». En Europe, quoique moins répandue, cette « formule » existe. On peut, par exemple, choisir entre payer une amende, des impôts, une pension, ou purger sa peine en prison. Cette équivalence est si courante, fait tellement partie du « ça va de soi », qu'elle apparaît aujourd'hui comme une vérité « naturelle » et incontournable.

Un autre exemple moins pathétique est celui du fumeur qui, se retrouvant sans cigarette un dimanche soir, peut donner une à deux heures de son temps et aller les chercher, ou bien les obtenir en donnant à un coursier quelconque l'équivalent « socialement juste » en argent.

Mais qu'est-ce que tout cela veut dire ? Qu'est-ce que cette logique de clôture, sans faille ni interruption, peut bien cacher ? Il est important, avant d'aborder l'analyse de ce qui fait rupture, fonde et donne un sens au temps, de souligner encore que dans la société de la marchandise le temps *doit* être perçu comme une marchandise : l'uniformisation du temps par la marchandise nécessite la création d'une subjectivité qui le perçoive comme une série d'unités totalement équivalentes. Une minute ne peut donc pas « se faire remarquer », rien ne doit caractériser ni différencier une E.T.E. d'une autre. C'est le principe même de la sérialité où toutes les unités « comptent pour une » dans la mesure où — et uniquement si — elles ne se différencient en rien des autres. Cette égalité forcée entre les minutes implique une idée de la démocratie bourgeoise qu'en paraphrasant Che Guevara nous pourrions définir comme « démocratie ou caricature de démocratie ». Un homme = un vote, une minute = une minute, un homme = une femme, un Blanc = un Noir... et égal = égal. Le problème est déjà là lorsque, dans une égalité arbitraire, nous plaçons dans la dernière proposition un égal avant l'autre. Comment savoir, dans cette vision de la démocratie en quoi égal est = à égal puisqu'en le nommant deux fois nous sommes peut-être en train d'établir une « différence dangereuse » ?

Paradoxalement, le temps idéal de la société de la marchandise devient alors un « temps éternel » dans lequel passé, présent et futur relèvent d'une abstraction arbitraire. En effet, si on établit une équivalence, on ne peut le faire qu'en abolissant la différence qualitative entre une minute déjà passée, la minute présente et la minute à venir.

Dans la critique heideggérienne de la modernité, l'« avenir » est justement non seulement une minute sérielle « à arriver », mais surtout une mise en perspective. Hegel nommait cette mise en perspective

« temporalisation de la chose », c'est-à-dire création d'un concept. Que l'avenir se joue comme mode d'être du sujet ici et maintenant peut se comprendre à travers l'idée de tout ce qui est transcendant dans l'action ici et maintenant de quelqu'un : une parole pleine, la création, l'amour, bref l'engagement. Dans nos sociétés réalistes marchandes, toute vision en « perspective », toute vision utopique est condamnée car opposée à l'unidimensionnalité du temps.

En réfléchissant sur le caractère même de la sérialité, ensemble formé d'une série d'éléments dont la seule qualité est d'avoir tous la même qualité et par conséquent d'être interchangeables, une histoire nous revient en tête, une de ces histoires qu'on raconte aux petits Nord-Américains. Il s'agit d'un marchand de cacahuètes qui vend pour un dollar son dernier paquet à un clochard, et dit à Rockefeller, le deuxième dans la queue : « Un dollar est un dollar, le vôtre ou celui du clochard. » Nous ne nous étonnerons pas que dans la « grande démocratie du Nord », il y ait des gens pour croire à cette démocratie mythique où un dollar est égal à un dollar. Sans avoir un esprit de contradiction particulièrement poussé, le fait que la démocratie unidimensionnelle américaine puisse reconnaître si clairement que tout principe d'égalité est à chercher dans le dollar est en tout cas surprenant.

Cette petite histoire nous indique que les dollars du clochard sont égaux à ceux de Rockefeller. Tout Américain responsable et conscient (c'est-à-dire qui paie ses impôts et ses amendes) doit réagir face à cette réalité avec un réflexe conditionné de contentement et de fierté : « Nos dollars sont tous égaux, nous le sommes tous aussi ! » Indubitable sujet de contentement ! Mais le véritable *sujet* de l'histoire est le dollar. Notre marchand de cacahuètes ne tient nullement compte de ce qui pourtant est l'évidence même : au-delà du dollar, il n'existe rien de semblable entre le clochard et Rockefeller. Un monde les sépare et affirmer qu'ils sont tous les deux des êtres humains nous confirme que l'humanité n'existe que divisée, totalité toujours détotalisée dont les parties connaissent des intérêts antagonistes toujours en lutte.

L'argent est un véritable tissu conjonctif qui réunit jusqu'à l'étouffement les différentes composantes de la matière sociale. Aucune minute, aucun jour du clochard ne peuvent être comparés ou mis en parallèle avec les minutes et les jours de Rockefeller. Pourtant une société qui a fait du temps un équivalent de l'argent, le mirage d'une démocratie égalitaire, nous fait croire qu'ils partagent tous la même substance vitale : le temps-argent. Dans son film *In girum imus nocte et consumimur igni*, Guy Debord énonce le consensus de la manière suivante : « Autrement dit, c'est la première fois que des pauvres croient faire partie d'une élite économique, malgré l'évidence contraire[1]. »

1. Guy DEBORD, *Œuvres cinématographiques complètes*, Champ libre Paris, 1978, p. 201

11

Monisme et unidimensionnalité

Une des questions centrales posées par la philosophie tourne autour de l'énigme de la connaissance : comment l'être humain peut-il connaître ? Comment pouvons-nous savoir quelque chose sur le monde qui nous entoure ainsi que sur nous-mêmes ? Posées différemment selon les époques, ces questions s'articulent toujours autour de la problématique de l'être et de la pensée.

Heidegger disait : Ce n'est pas un problème d'affirmer « Ceci est une table ». Que les choses soient, au sens banal d'être, que les étants soient là, en principe, paraît couler de source. Qu'une vache, par exemple, soit là, au sens strict d'être là posée, que la vache existe, est un sujet intéressant pour un examen de philosophie. Dire « vache », « table », « chaise », « lune », pose un problème initial, celui de la langue. Ce qui est incroyable, c'est qu'au-delà des ambiguïtés de la dénomination, et grâce aux mathématiques, un homme puisse se poser sur la Lune.

La façon dont nos élucubrations rencontrent, malgré tout, le réel, et arrivent à en dégager quelques lois, pose en effet le problème des liens qui existent entre les différents étants et choses. Que les mathématiques appliquées à la physique parviennent à faire voler un avion est, pour l'homme de la rue, l'évidence même ; les philosophes, eux, s'étonnent encore de cette harmonie. Richard Courant écrit ainsi au sujet des concepts mathématiques[1] : « En fait, nous sommes tous dans la même position qu'un homme auquel on a donné un trousseau de clefs et qui, au fur et à mesure qu'il essaie d'ouvrir les portes qui se présentent à lui, y arrive toujours — sinon du premier coup, du moins au deuxième essai. Il en vient à se demander si les clefs qu'on lui a données ne sont pas des passe-partout. »

Cette petite histoire illustre assez bien comment l'étude des rapports qu'ont les choses entre elles, ainsi que les lois qui structurent ces rapports constituent, loin de toute banalisation, un véritable casse-tête

---

1. Richard COURANT, « De la très déraisonnable efficacité des mathématiques en physique », *Raison présente*, n° 84, 4e trimestre 1987, p. 50

pour la pensée. Lorsqu'une loi, au sens des lois physiques, arrive à être établie, la cause reste hypothétique. Et contrairement à ce que pense le sens commun, cause et loi sont loin de constituer un même concept. En effet, dans la pensée magique (qui, nous le verrons par la suite, est bien présente dans la pensée dite moderne), on peut se demander pourquoi les objets tombent ou pourquoi la Terre tourne autour du Soleil. La pensée scientifique, elle, ne peut répondre à cette demande d'explication des causes ; elle ne peut, dans le meilleur des cas, qu'énoncer les lois expliquant le comment de la chose, le quand de la chose. Le pourquoi reste sans réponse, ce qui revient à dire que le pourquoi des liens entre les objets que nous percevons est un mystère. Nous ne savons pas le pourquoi de notre connaissance, nous essayons tout au plus d'en dégager le comment.

Nous avons jusqu'ici esquissé la question de la diversité dans le monde. Il serait intéressant maintenant de présenter la réponse unidimensionnelle que la société de la marchandise impose à ses sujets.

Pythagore savait que lorsqu'on additionne trois vaches, deux moutons et une maison, cela donne quelque chose d'étonnant, de très étonnant même, le chiffre 6. A vrai dire, ce n'est pas le chiffre 6 qui est étonnant en lui-même, mais l'idée d'effectuer l'opération, puis que cette opération marche. Il serait, dans l'absolu, difficile d'imaginer une opération différente — diviser un total de trois vaches, deux moutons et une maison par six. Imaginons, en revanche, un prince capricieux qui décide de taxer d'un impôt particulier tout possesseur de vaches, de moutons et de maisons. Nous pouvons dire alors que ces « unités » ont en commun le fait d'être imposables. Elles ne sont en rien définies par une quelconque qualité intrinsèque, elles deviennent des unités au regard du prince capricieux.

Dans la société de la marchandise, la diversité, c'est-à-dire ce qui fait que rien ne nous permet d'additionner les hommes, les vaches et les mobylettes, disparaît d'un seul coup de baguette magique. Au regard de la marchandise, la vache disparaît derrière la quantité d'unités temps-argent qui sert à calculer le rapport entre le coût de production et le profit réalisé. La lampe et la chaise ont, en tant que marchandise, tout en commun, un temps de production, un prix de vente, un prix de revient... Un homme, une femme sont également considérés et comptabilisés comme potentialité, temps, travail, capital... Il suffit de regarder ce qui se passe lors des accidents de la route : on indemnise les victimes en fonction de ce que leur handicap leur fera perdre de leur capital temps-argent. On peut regarder sous le même angle une forêt vierge déjà violée mille fois par les calculs marchands du capital qu'elle représente. Les embouteillages ne sont pas un désagrément, c'est du temps-argent perdu... Arrêtons là ; nous n'allons pas multiplier les exemples de ce qui, dans son ensemble, ne constitue pas autre chose que notre société. Tentons plutôt d'en tirer les conséquences.

Dans la société capitaliste, la diversité du monde ne relève pas d'autre chose que d'une apparence plus ou moins trompeuse, cette diversité n'étant peut-être rien d'autre que le mode d'apparence d'une substance unique. Cette unidimensionnalité se cristallise, se réalise, dans le monisme de la marchandise : toute marchandise, indépendamment de sa particularité, partage avec les autres la même substance, cette substance étant créée par un atome unique, l'unité temps-argent. Le triomphe du quantitatif positiviste est flagrant. Tout est devenu une « simple » affaire de quantité. La différence entre un homme, une vache et une maison est alors quantitative.

Le substrat temps-argent ne dépend pas d'une loi exposant les rapports sans pouvoir en énoncer les causes. Au contraire, cette unité est simultanément cause et seul objectif. Dans une société qui a pour objectif, non pas la production d'un bien de consommation, mais plutôt le profit réalisé grâce à la main-d'œuvre, plusieurs exemples pourraient être évoqués. Nous en choisirons un au hasard.

Récemment, alors que nous préparions une série de conférences, un ami nous a « naturellement » demandé si nous serions payés pour le faire. Répondant à une question par une autre — déformation professionnelle oblige —, nous lui avons répondu : « Pourquoi voudrions-nous être payés ? » Il rétorqua alors : « Avec de l'argent on peut faire ce qu'on veut. » Pourtant aucun argent au monde ne pouvait nous donner ce que nous étions en train de faire : préparer une conférence.

Mais alors, qu'est-ce que cet argent qui permet de tout faire, demain (ou, comme l'annonçait un écriteau dans un bureau de tabac de Buenos Aires : « Aujourd'hui on ne fait pas crédit, demain oui. »)? Demain, toujours demain, l'argent permettra de tout faire... demain. Force est de constater que la « substance unique » ordonnée par l'atome temps-argent est bien autre chose qu'un seul moyen d'échange, un intermédiaire, un lien. Cette substance dans laquelle viennent se nouer, jusqu'à devenir égaux, le temps et l'argent, fait penser au mythe de la pierre philosophale. Celle-ci, rappelons-le, avait deux fonctions, deux pouvoirs : transformer le plomb et autres matières en or, et donner une éternelle jeunesse. L'unidimensionnalité, dans notre société, dégénère en uniformité et le paysage du monde, dans son espace et son temps, devient une masse unique de la même substance. Tout pouvoir, toute possibilité, toute jouissance vont de pair avec l'idée de posséder une plus grande partie de cette pierre philosophale unique.

A la question : « Qu'est-ce qui différencie l'homme des autres étants ? (vache, maison...) », nous pourrions en substituer une autre : « Qu'est-ce qui différencie l'homme en tant que marchandise des autres marchandises ? » Une seule réponse nous vient à l'esprit : l'homme est la seule marchandise en mesure de posséder d'autres marchandises. Si nous ne disons pas que l'homme est la seule marchandise capable de produire d'autres marchandises, c'est parce que, dans notre société, le concept de production reste encore beaucoup trop qualitatif. L'idée de possession permet de comprendre le regard stupide que jette l'homme sur des objets aussi différents que la Lune, un arbre, un chien, pour les penser en termes de profit ou de profit en puissance.

Les défenseurs de ce paysage monotone, uniforme, triste, savent, quand il le faut, s'imposer avec une violence sans limites ni frontières contre tous ceux qui l'attaquent de fait ou en imagination. La marchandise et les unités temps-argent finissent par configurer une vision totalitaire et totalisante du monde. Triste paradoxe, les managers et autres techniciens réalistes sont les apôtres de choc de cette idéologie ; or cela se passe au moment même où ils dénoncent et récusent toute idéologie parce que dangereuse et suspecte de totalitarisme.

La littérature foisonne de fantasmes d'un monde futur régi par des machines qui asservissent leur créateur. Cette littérature agit comme un écran de projection où nous voyons caricaturé sous la forme de l'horreur et de la peur ce qui constitue la réalité de notre quotidien : l'homme-marchandise n'étant plus l'étant qui parle (un parlêtre), il n'est plus un bipède sans plumes, comme le voulait Aristote, il n'est même plus le producteur d'une marchandise. Dans le monisme totalisant, la marchandise-homme ne peut se différencier des autres que de manière quantitative. Tout conflit entre une ou plusieurs marchandises est tranché par une considération quantitative. Ainsi, entre une marchandise-homme et une allumette, nul doute que l'homme l'emportera ; pas de doute, non plus, sur le vainqueur du conflit entre plusieurs hommes et une centrale nucléaire.

Nous l'avons tous constaté, les gestionnaires réalistes de la santé publique, dans les pays centraux, distribuent leurs investissements d'après des considérations d'ordre économique. Leurs discours sont clairement structurés par l'impératif du quantitatif où les malades sont perçus en tant que marchandise. Que le directeur d'un hôpital, par exemple, en se donnant comme objectif le gain et les profits, agisse en gestionnaire, n'est pas en soi scandaleux. Ce qui l'est plutôt à nos yeux, c'est le silence consensuel de la population qui n'y trouve rien à redire. Mais, revenons aux questions préalables.

Dans la vision capitaliste du monde, le problème de la connaissance, tout en étant posé, est perverti dans son essence. En effet, dans une représentation naïve d'un monde uniformisé par une substance unique, l'homme contemporain vit dans un mythe toxicomane de toute-puissance. Le mythe de nos jours, l'utopie négative des managers réalistes, pourrait s'énoncer comme « tout est possible », « tout est faisable », « tout est connaissable » dans un réel qui doit être rendu transparent ; il suffit d'avoir l'argent et le temps. Dans cette vision réductrice, nulle place pour le nouveau, nulle place pour l'étonnement. Tout est question de quantité d'unités temps-argent.

Notre société s'accroche à cette substance fétiche comme un toxicomane à sa drogue. Et les fétichistes d'y voir, dans une conduite magique, une puissance qui leur conférerait la maîtrise de leur destin. « Cet objet » doté de pouvoirs surnaturels, capable de rendre le sort favorable ou « d'exorciser les forces mauvaises », Marx s'y réfère dans sa notion de « fétichisme de la marchandise ». Selon lui, dans le système capitaliste, la marchandise impose sa loi comme le fétiche dans les sociétés humaines. De même que l'objet fétiche dissimule la réalité des rapports de l'homme à la nature, la marchandise fétiche voile la réalité des rapports entre les hommes, ceux-ci prenant la « forme fantastique de rapports entre les choses ».

Cette substance, ces unités temps-argent seraient donc en mesure de nous donner accès, non pas à telle ou telle chose, mais à un « tout », c'est-à-dire à une espèce d'« homme nouveau », sans besoin et surtout sans manque ni désir ; un homme, pourrait-on dire, « mort ». Intensément soumise au quantitatif, cette société adore la mort, non pas la mort en tant que limite de toute vie singulière — notre société fait tout pour la cacher —, mais celle que nous pourrions nommer deuxième mort, ou mort qui domine la vie — nous y reviendrons.

De ce point de vue, les archétypes du bonheur, espèces d'états nirvaniques sans limite, restent toujours pour demain, l'aujourd'hui (moment du choix et de la décision) étant sans cesse dévalorisé et banalisé. Il fut un temps mythique et passé, plus ou moins idéalisé, où la capitalisation a commencé avec pour mot d'ordre : « Demain, on en aura plus qu'aujourd'hui », l'aujourd'hui, le maintenant, ne devant surtout pas sortir de sa banalité sérielle, l'aujourd'hui n'étant que promesse de demain ou simple étape de capitalisation. Que l'aujourd'hui, dans une vision sérielle et quantitative du temps, soit ainsi banalisé est conforme à cette logique ; mais cela signifie, dans le vécu de chacun, vivre avec la conscience permanente de dévaloriser le maintenant du moment, ce qui revient à dévaloriser la vie tout entière.

Dans la bande dessinée *Mafalda* de l'Argentin Quino, on trouve une belle illustration de cette dénégation du moment de la décision à travers l'effacement de l'aujourd'hui. Mafalda se promène dans Buenos Aires, elle écoute les commentaires des passants. Le premier dit : « J'ai très mal aux dents, mais j'irai chez le dentiste demain » ; le suivant : « J'ai beaucoup de travail, mais je m'y mettrai dès demain » ; et ainsi de suite. Et Mafalda de conclure :

« J'ai compris, dans ce pays, demain ne veut pas dire "le jour qui suit" mais "pas aujourd'hui". »... Pas aujourd'hui... Voilà le véritable paradoxe autour duquel se structure la philosophie des managers réalistes au nom d'un demain qui veut dire « pas aujourd'hui ».

C'est là qu'il faut définir clairement la dialectique de l'utopie, car cette utopie se présente comme un non-lieu à venir qui se joue pour chacun de nous dans l'aujourd'hui présent, dans la décision ici et maintenant que cet avenir nous impose. C'est cette faculté de décision du sujet qui est niée dans l'acception commune du terme « utopie » chez nos révisionnistes réactionnaires, laquelle s'appliquerait d'ailleurs parfaitement aux porte-parole réalistes qui, au nom d'un lendemain incertain, font passer la pilule d'un aujourd'hui gris et fait de sacrifices.

Dans une vision alternative et radicale qui conçoit différemment l'utopie, l'« avenir » constitue la base d'un paysage irrégulier du temps : le temps se joue non seulement dans ces trois dimensions-là (le passé constaté après coup, la fidélité dans l'avenir, le présent comme moment d'articulation et de choix), télescopées ici et maintenant, mais aussi dans le caractère atemporel d'une autre dimension.

Rationnel ne veut donc plus dire analytiquement prévisible. Dans la tâche de destruction du monisme de la marchandise, il faut étudier rationnellement le temps et l'espace qui constituent un paysage surprenant et irrégulier.

12

Le temps sans faille

On peut se demander pourquoi tant de gens adhèrent à cette vision unidimensionnelle du temps, situation d'autant moins susceptible d'être remise en cause qu'il existe dans le sens commun comme dans le discours scientifique une volonté systématique d'affirmer cette vision. Pourquoi existe-t-il chez nous, bipèdes sans plumes, cette tendance si marquée à aller vers une homogénéisation du temps visant à éliminer toute autre dimension, faille ou surprise ? (L'imprévu devenu impossible, on joue alors à se faire peur, à se surprendre. En témoignent une flopée de courses comme le Paris-Dakar, « rallye de la honte », disent certains [1], une myriade de randonnées où vous devez vous surpasser. Le choix est vaste, il va de l'aventure programmée du P-DG qui va « vivre comme un chômeur en fin de droits » pendant une semaine, à la pseudo-surprise créée par la personne que vous payerez pour venir, vêtue d'après vos fantasmes du moment, chanter « Joyeux anniversaire » à votre petit(e) ami(e).)

Pourtant, nous ne pouvons pas dire que cette recherche d'une continuité sans faille nous protège particulièrement d'une angoisse quelconque. Ce quotidien, au contraire, est rempli d'angoisses ; mais il est pourvu d'un énorme avantage : ces angoisses sont nommables. La peur quotidienne est une véritable atmosphère dans laquelle se déroule notre vie et sans laquelle l'homme moderne pourrait peut-être étouffer. On a peur pour le travail, la maladie, de la solitude, de l'autre... Le seul objectif est de trouver le plus vite possible un nom propre à cette peur quotidienne. Ainsi elle devient nommable, mesurable, elle existe sur la scène d'un temps continu, dans une rationalité déterministe qui énonce comme rationnel tout ce qui peut être analytiquement prévisible. Ce type de rationalité (dominante aujourd'hui) a besoin comme toile de fond d'un temps sans faille, d'une continuité prévisible, d'une uniformité analysable parce que déterminée.

---

1. Jean-Marie BROHM, « Le rallye de la honte », *Quel corps ?*, n° 28-29, décembre 1985.

Alors, pourquoi une telle adhésion à cette subjectivité du temps qui n'évite même pas l'angoisse? Parce que ces angoisses et craintes, nommables dans leur continuité, sont prévisibles, apparaissent comme des certitudes. Et ce type de certitudes contient ce qui se nomme en psychanalyse des bénéfices secondaires. Il s'agit précisément de bénéfices secondaires dans le fonctionnement moïque, ce que nous pouvons du point de vue métapsychologique qualifier de « narcissisme négatif ». Or le narcissisme négatif ou positif implique, toujours, un désir d'unité et d'unification totalitaire. Il n'est pas étonnant que toute attitude de certitude suppose l'énonciation d'une réalité qui *est*, c'est-à-dire réalisée ontologiquement, au-delà du temps et de l'espace.

En abandonnant un instant seulement cette vision du continu, la faille apparaît possible, et par cette faille la possibilité du nouveau radical. En d'autres termes, en abandonnant le monde des faits, à savoir ce qui doit se produire dans une situation donnée, en cohérence avec les catégories existantes, le sujet doit pouvoir, face à l'imprévisible, au hasard, à l'événement, au bord du vide, se placer en tant qu'opérateur d'une décision, d'un choix déchirant parce que fait dans l'absence d'un savoir préalable.

Penser la discontinuité, ce n'est pas prévoir ; penser la faille part de l'énonciation d'un « il y a » de l'événement, l'événement se différenciant du fait en ce qu'il surgit dans la réalité alors que les faits apparaissent comme « normalement » réglés. L'événement surprend toujours parce qu'il interrompt la règle. Il est ce qui n'est pas immédiatement mémorable car, en tant que signifiant, il ne représente pas un possible, on ne peut dire de lui que « il y a ». L'événement *est*, c'est l'être dans la figure du néant.

Du moment du choix, on dira que ce n'est pas un moment moral, c'est-à-dire orienté par des lois et décrets existants. La morale relève toujours d'un écrit, d'une tradition, d'une trace ; en revanche, le moment du choix et de l'intervention relève de l'éthique, ou bien — et c'est la même chose — d'un moment de solitude radicale, de déchirement et de douleur. On peut dire, alors, que les choix éthiques ont toujours quelque chose de subversif. A l'inverse, l'idée que notre monde moderne n'est composé que de faits ouvre la voie à la possibilité de créer des catégories scientifiques parfaites et adaptables à toutes les situations au-delà du temps non sériel ; tel est le souhait des réalistes d'aujourd'hui.

Nous ne rejetons pas le concept de nécessité dans le cadre d'un système donné : il existe une relation de nécessité au sein des catégories qui régissent les faits. Mais c'est l'événement, dans son action de rupture (où le hasard intervient), qui rend caduques les catégories préalables dans le cadre d'une situation donnée et qui, loin de déterminer une « suite nécessaire », ouvre la voie aux probabilités et à la construction.

Or, pour la plupart des hommes et des femmes, vivre le monde et ses aléas comme s'ils obéissaient à une nécessité incontournable est paradoxalement rassurant. La quête d'une certitude, fût-ce la certitude du pire, apparaît comme un havre de paix où les citoyens-spectateurs, tout en déplorant le spectacle de leur vie, croient qu'ils n'y sont pour rien, qu'ils n'ont rien à faire, mis à part se plaindre de leur douleur. Douleur, doux-leurre, n'importe quelle certitude, pourvu que les jeux soient faits, que le spectacle continue sans que le citoyen soit requis à la place de l'opérateur-acteur. On joue à se donner des frissons, et au citoyen-acteur, capable d'opérer des choix, se substitue le manager-décideur, là où de fait, dans un plein sans faille, il ne reste rien à décider.

Le doux-leurre d'être aliéné à une réalité spectaculaire consistante et inébranlable exige paradoxalement du citoyen-spectateur un mouvement libre de délégation de sa puissance, capable de produire une certaine jouissance. Car jouissance il y a. Si la plupart des gens font tant d'efforts pour reconstruire et garder une vision unidimensionnelle de la temporalité, ce n'est certainement pas à cause d'une erreur de communication ou d'éducation. Cette possibilité de « s'absenter », qui constitue l'essence même du citoyen-spectateur, n'est pas due, comme le croyaient les rationalistes, à une simple erreur à corriger.

Que la liberté « soit toujours pour quelque chose », y compris pour mieux s'hypothéquer, c'est ce qu'il devient urgent de comprendre pour laisser derrière nous l'image de l'opprimé comme victime totale sans aucun rapport avec l'oppression. Si nous parlons d'urgence, c'est parce que dans toutes les visions révolutionnaires qui prétendaient faire « du passé table rase » existe cette idée naïve et trompeuse que les victimes pourraient l'être en tant que spectateurs passifs de leur état. La volonté de reconstitution de cette doux-leurre d'un temps sans faille constitue le mécanisme pervers de base grâce auquel la victime, qui perçoit la réalité comme « nécessaire », partage avec son bourreau la même vision du monde.

13

Temps libre, temps aliéné, une histoire du même

La sérialité du temps apparaît dans la triste caricature de la division du « temps de la montre » en temps de travail, temps de repos, temps libre.

Pour une écrasante majorité de gens, le temps de travail et sa recherche peuvent être énoncés clairement comme un temps aliéné. Le temps aliéné relève d'une aliénation forte qui, plus qu'un hors-de-soi, représente un « pas de soi », mélange de fatigue et de frustration où l'automate prenant le dessus assure la poursuite de sa survie.

Le temps de repos (si tant est qu'on puisse se reposer) est toujours pour la majorité des gens un temps otage, otage du temps qui leur impose un repos « réparateur », réparation et entretien de la force aliénée du travail de l'automate. Pendant le temps aliéné du travail, une « douce poésie » scande le tic-tac de la montre, « poésie » qui occupe nos rêves pendant les « temps de repos » quand le cauchemar lui cède sa place.

Évasion, liberté, soleil, nature, vraie vie, aventures, plaisirs sans limites — en un mot, le bonheur : voici les rimes de la poésie du « temps libre ». Il faudrait donc beaucoup de mauvaise foi ou d'aigreur intellectuelle pour voir dans ce « temps libre » la carotte en plastique qui fait marcher le brave bœuf vers l'abattoir. Mais l'industrie du « temps libre » nomme, dans une négation éhontée, paradis ce qui, en fait, n'est qu'un enfer.

Aventures programmées, assurances à l'appui pour prévoir l'imprévisible, tous en rang et je ne veux voir qu'une tête et... maintenant nous allons nous amuser. Le Club Méditerranée a dans sa bêtise une qualité, au moins les choses sont claires : votre « temps libre » est bien organisé et cela afin que vous, gentils membres, ne connaissiez pas l'angoisse innommable d'avoir du temps libre. Une fois que le sifflet du contremaître vous ordonne de vous amuser puisque le « temps libre » est là, toutes les vacances, tous les loisirs et aventures marchandisées deviennent des copies conformes du Club Méditerranée, preuve s'il en faut que, dans le monde de la marchandise, nul ne détient le monopole de l'oligophrénie.

Dans l'histoire du mouvement ouvrier, dans la lutte vers une libération, les heures et les jours d'exploitation de la force de travail arrachés au patronat furent et restent un acquis fondamental. Mais ce n'est rien d'autre aujourd'hui qu'un acquis, et c'est tout le problème : dans toute lutte révolutionnaire et alternative, confondre l'acquis avec la dynamique de la lutte elle-même constitue toujours un piège mortel. Si nous enlevons à la consigne de diminution du temps de travail son « agalma », à savoir la lutte pour la destruction de la société marchande, le « temps libre » devient instantanément marchandise consommable et, par là, temps aliéné.

Tout dans le temps dit libre renvoie désespérément au temps aliéné, la fièvre de sa consommation, la conscience que « ça passe trop vite », à tel point que la fin est là avant le début. Rien n'est plus culpabilisant, actuellement, que de perdre son « temps libre ». Nous voyons ainsi des gens venir nous consulter avec une demande de « normalisation », parce qu'ils souffrent de ne pas pouvoir être heureux pendant le temps où, socialement, ils devraient l'être.

De ce point de vue, l'ennui est encore une bien « agréable » manière de remplir son temps, car il reste une digue efficace contre un temps qui se développerait en tant que paysage irrégulier dans lequel le sujet serait requis. En ce sens-là, l'ennui est un chant apologétique aliéné au temps unidimensionnel de la montre. Dans la souffrance de l'ennui, il existe encore une croyance de fer en la monotonie d'un temps qui s'écoulerait à côté de nous, à notre insu. En regardant un homme assis sur une plage ayant « l'immense chance d'avoir un mètre carré de sable pollué » s'apprêtant à aller nager dans une eau aussi trouble, dont la tête est occupée par le bilan de toutes les frustrations passées, présentes et à venir, tandis que sa peau cuit doucement au soleil, qui a payé tout cela très cher, nous disons : « Voilà quelqu'un d'heureux. »

La maîtrise du temps, la programmation et le dressage des hommes et des femmes passent bien évidemment par le dressage et la maîtrise du corps, ce corps qui est notre mode d'être dans le monde.

Nous avons précédemment ébauché une analyse du rapport entre le corps et le pouvoir [1]. Dans l'idéologie du corps performant, le « Que le meilleur gagne » tait pieusement que les « moins bons » restent systématiquement sur le carreau de la compétition sociale. A notre époque de crise idéologique, un retrait libidinal narcissique s'est opéré. La société marchande propose l'utilisation rationnelle et productive du temps libre par le surinvestissement dans le corps. L'idéologie sportive, dans sa bêtise virile qui sent bon la transpiration, fournit aux managers réalistes des

1. *Utopie et liberté, op. cit.*

éléments idéologiques de rechange, prêts à porter, pour se déculpabiliser de leur pratique sauvage de la compétition, qui, si on ne l'appelait pas sportive, apparaîtrait sous son vrai visage, celui du darwinisme social ultra-réactionnaire. « En d'autres termes, dira Jean-Marie Brohm, les institutions, les idéologies, les pouvoirs de toute sorte prennent littéralement corps en s'emparant de la "corporéité" des individus ou des masses... : il y a saisie par corps au sens réel et métaphorique du terme. L'emprise s'empare non seulement des corps mais elle y prend corps[2]. »

Cette joyeuse société des loisirs qui s'incorpore à la société de la marchandise correspond toujours aux deux concepts clés de sublimation répressive, dans le temps de travail productif et aliéné, et de désublimation répressive, dans la marchandisation et aliénation du souci aux divertissements et activités qui singent le plaisir. Et cette division du temps désigne on ne peut plus clairement les mécanismes de maîtrise et de contrôle du corps : le corps hédoniste, performant et dynamique du temps libre est l'envers du corps soumis aux rythmes de production et des différentes contraintes de la société marchande.

Ce « temps libre » fut à un moment donné du terrain gagné dans cette guerre de tranchées menée par le prolétariat contre le capitalisme sauvage d'avant-

2. Jean-Marie Brohm, « L'emprise du corps », *Quel corps ?*, n° 28-29, décembre 1985, p. 37.

guerre. Aujourd'hui transformé en « sympathiques lotissements » pour résidences secondaires, ce terrain gagné a été reconquis par la logique marchande.

Temps libre et temps aliéné sont, à nos yeux, l'histoire du même, d'un même temps volé, sacrifié, aux images identificatoires du bonheur offertes par la société à ses sujets pour qu'ils puissent mieux s'y mouler dans un même oubli de toute possibilité alternative.

Cette division artificielle de la vie fait écho à l'autre division que la société capitaliste crée entre le domaine public et le domaine privé. Le temps des loisirs apparaît ainsi comme un temps dit « privé » où la liberté régnerait. Mais ce temps-là obéit à la même règle que l'insertion forcée des parlêtres dans la société (aliénation) : « Tu ne peux pas faire comme tout le monde ? »... Cette phrase, mille fois répétée, constitue la prière de base destinée à consacrer le mécanisme quotidien de normalisation. « Faire comme tout le monde » est le diktat qui unifie dans un « même » temps libre et temps aliéné.

Pour pouvoir comprendre la véritable portée de la division loisir-travail, il faut ajouter le signifiant « propriété » qui les rend à la logique de la marchandise. Propriété privée ou propriété publique sont le même terrain nommé de façon différente pour définir les modèles d'aliénation auxquels la marchandise humaine doit se conformer, tantôt dans ses loisirs tantôt dans son travail.

Quand la marchandise « humaine » casse l'unité loisir-travail, public-privé, par exemple parce qu'elle n'est plus productive (retraite) ou bien parce qu'un accident l'a rendue inapte au travail (handicap), avec la disparition du temps de travail nous voyons disparaître le prétendu temps de loisir. La marchandise humaine « dévalorisée », ou dégradée, connaît alors non pas un long temps de loisir mais le vide angoissant d'une marchandise « incasable ». Chômeurs, handicapés, personnes âgées, femmes au foyer témoignent, dans leur mal de vivre, de cette supercherie d'un temps libre où, à travers les loisirs, une réalisation personnelle serait possible.

14

Un paysage irrégulier du temps

Nous avons jusqu'ici présenté ce qu'avec Heidegger nous nommerons « le temps de l'horloge », succession uniforme de « maintenants ». Toutefois, une question subsiste, une question qui a son importance : « Qu'y a-t-il de l'autre côté de la montre ? » Dans la construction idéologique de la réalité, les notions d'espace et de temps, centrales et fondatrices, sont les plus difficiles à déconstruire. Et une fois déconstruites, il reste à imaginer, comprendre et étudier une alternative.

Nous allons tenter d'exposer ce que nous nommerons, en opposition au temps uniforme, un « paysage irrégulier du temps » ; et pour l'étayer, nous prendrons un exemple dans le domaine de la physique.

Les lois de la physique classique dite newtonienne, et, plus précisément, celle de la gravitation universelle, constituent pour l'homme une sorte d'« atmosphère conceptuelle » dans laquelle il évolue. En effet, il ne s'agit pas de connaître ou d'ignorer les formules de la gravitation universelle. Comme tout ce qui fait partie du sens commun, d'un « savoir déjà là », il n'est pas tant question de penser ces concepts, que de s'apercevoir qu'ils font partie des principes et des règles par lesquels « nous sommes pensés ».

Le sens commun agit comme un « déjà là », comme une pensée structurante pour les hommes et les femmes, pensable seulement dans un après-coup. Ce qui nous permet d'affirmer que ces pensées qui nous précèdent, avant de pouvoir les déconstruire, les analyser (tout cela n'ayant rien à voir avec le fait d'être d'accord ou pas), constituent un tissu de concepts, de paroles, dans lequel et avec lequel nous vivons. C'est pour cela que nous pouvons dire que nous sommes pensés par elles.

L'idée souvent très vague que les objets tombent suivant une loi rendant la chute « nécessaire » fait partie de cet ensemble environnant. Or, dans la physique quantique, les lois qui régissent le comportement des particules microscopiques n'obéissent nullement à ces principes-là.

Il existe deux registres bien différents. Au niveau quantique, un quantum d'énergie (photon, électron, proton...) n'existe que dans le cadre de ce qu'on appelle la réduction du paquet d'ondes : de manière caricaturale, tout se passe, dans cette dimension-là, comme si nous trouvions ce que nous allions chercher en le concrétisant par notre recherche. A l'échelle macroscopique, je peux toujours regarder le mur d'en face, je peux le cogner, le tâter, il est pour ainsi dire immobile : nous ne nous trompons pas si nous disons que ce mur ne bouge pas. Mais nous disons vrai aussi si nous affirmons que ce mur-là ou les particules qui le composent sont en plein mouvement, et que ce mur si solide est essentiellement composé de vide.

Est-ce que je me trompe en posant un de ces énoncés-là, « le mur bouge » ou « le mur ne bouge pas » ? Sans aucun doute, le sens commun, conception du monde dans laquelle nous vivons, tranche, pour l'instant, la question du côté du macroscopique. Que ce mur ne bouge pas paraît aller de soi. Or, pour ce qui est de la physique, aucune de ces échelles ne peut être considérée comme dominante ou principale ; il s'agit rationnellement de déterminer deux dimensions différentes par deux référents différents de véracité.

Si nous avons pris cet exemple, c'est parce que dans l'appréhension de ce que nous nommons réalité, deux catégories sont fondamentales, l'espace et le temps. En ce sens-là, la détermination rationnelle de la coexistence de dimensions multiples dans l'espace, microscopique et macroscopique, nous permet de commencer à comprendre ce que pourrait être l'abord pluridimensionnel dans la catégorie temps.

Chaque époque, chaque culture se constitue à partir d'une conception différente qui la singularise dans l'appréhension de ces deux catégories. Avec les différences dont elle témoigne, l'architecture constitue de ce point de vue un exemple parlant : aujourd'hui, nous ne pouvons pas construire les cathédrales du Moyen Age ; nous pourrions seulement faire comme, faire semblant. Notre époque n'étant pas fondée sur la même acception des deux catégories principales, les constructions qui en témoignent soulignent également la différence.

Pour aller plus loin dans ce que nous nommons « paysage irrégulier du temps », nous citerons un passage d'un des plus beaux livres de notre temps, *La Nausée* de Jean-Paul Sartre[1] : « En somme, ce fameux écoulement du temps, on en parle beaucoup mais on ne le voit guère. On voit une femme, on pense qu'elle sera vieille, seulement on ne la voit pas vieillir. Mais par moments il semble qu'on la voie vieillir et qu'on se sente vieillir avec elle : c'est le sentiment d'aventure. On appelle ça, si je me souviens bien, l'irréversibilité du temps. Le sentiment de l'aventure serait, tout simplement, celui de l'irréversibilité du temps. Mais pourquoi est-ce qu'on ne l'a pas toujours ? Est-ce que le temps ne serait pas toujours irréversible ? Il y a des moments où on a l'impression qu'on peut faire ce qu'on veut, aller de

1. Jean-Paul SARTRE, *La Nausée*, Gallimard, Paris, 1938, p. 85.

l'avant ou revenir en arrière, que ça n'a pas d'importance ; et puis d'autres où on dirait que les mailles se sont resserrées et, dans ces cas-là, il ne s'agit pas de rater son coup parce qu'on ne pourrait plus le recommencer. »

Sartre traite ici de manière littéraire de ce qui constitue précisément ces deux dimensions du temps. Il y a, d'une part, ces instants, ces « maintenants », tous équivalents, à tel point privés de sens qu'ils pourraient mettre en cause ladite « irréversibilité du temps ». Nous connaissons tous des moments de la sorte, ils constituent peut-être même la plus grande partie de notre quotidien. A un moment d'ennui suit un autre moment d'ennui. Dans le quotidien, ces passages-là sont caractérisés par un temps quantitatif, la quantité étant la seule caractéristique importante dans cet ensemble de « maintenants » sériels. Et, dans cette succession asémantique du temps, le retour éternel du « même » se matérialise dans toute son horreur. Ces moments-là ne présentent aucune perspective de plaisir et sont caractérisés par une continuité parfaite dans laquelle nous disparaissons par dilution. Cette disparition est marquée par un « Circulez, il n'y a rien à voir », et ce temps-là qui circule, nous entraînant dans son flux monocorde, est précisément le temps de la montre, temps de ne pas être là, temps perdu pour autant qu'on l'ait jamais possédé. Malheureusement, c'est lui qui régit et règle la journée de nos contemporains dans le monde de la marchandise.

D'autre part, dans le passage cité, Sartre fait référence à un accident, une discontinuité qui vient interrompre une suite sérielle. Il parle d'une maille qui se resserre, d'un moment d'aventure où nous sommes sujets d'un temps qui passe. Tout à coup, une faille apparaît dans l'ordre de la réalité, et par cette faille nous apparaissons, ou plus justement nous avons la possibilité d'apparaître ou non. Il s'agit alors d'une rencontre, toujours surprenante et imprévisible, plutôt qu'un appel une possibilité d'appel.

Cette brèche vers une autre dimension du temps peut être décrite différemment ; mais disons tout de suite que, comme dans le cas de l'espace, il ne s'agit nullement de dévoiler une véritable dimension par rapport à une autre qui serait fausse, mais plutôt de signaler la multidimensionnalité là où le réalisme écrasant ne repère que la continuité. Qu'il ne s'agisse pas d'invalider une dimension (le temps de la montre) en faveur d'une autre (l'arrêt et discontinuité dans le temps) constitue une de nos différences fondamentales avec l'ontologie de la présence heideggérienne.

Les registres repérables en faveur de cette brèche peuvent être scientifique — Einstein a rompu avec l'idée d'une constante temps jusque-là jamais mise en cause dans le discours scientifique —, psychanalytique — l'inconscient méconnaît le temps ou plutôt se situe en dehors du temps —, ou philosophique — Husserl pose comme point de départ de sa phénoménologie la nécessité de penser une instance atemporelle qui, à notre avis, et loin de toute intuition, se concrétise dans le concept de structure chez Althusser et Lacan.

Ces avancées paradoxales nous aident à penser « sérieusement » la multidimensionnalité du temps ; mais peut-être y a-t-il d'autres pistes plus banales et plus proches du quotidien. Les enfants, par exemple, témoignent de cet « autre temps », temps d'un plaisir, ou d'une peine, d'une joie ou d'une rêverie, qu'ils savent être qualitativement radicalement différents des autres moments de la journée. Que le temps puisse être scandé, nous en voulons également pour preuve le registre de la haine et de l'amour, ou plus généralement les moments où notre décision est requise, où, par l'intervention, nous nous constituons en tant que sujet. Cet autre temps est aussi celui de la création artistique, d'un début, d'un fondement par rapport auquel nous pouvons dire, en perspective et en fidélité, avant et après.

A ce stade, peut être relevée une autre différence radicale avec le « temps de la montre ». Celui-ci s'écoulerait donc à notre insu, comme un torrent muet qui nous aliénerait. En revanche, dans la dimension qui nous occupe, la discontinuité, la brèche, ce moment que nous appellerons « premier », c'est-à-dire fondateur, n'a pas d'existence indépendamment de la décision et de l'intervention d'un opérateur. Que dans la physique quantique « les choses » se déroulent ainsi n'étonne personne outre mesure, mais que, dans le quotidien, une décision soit requise pose davantage de problème.

Nous parlions précédemment de fidélité : cette fidélité se fonde justement sur la désignation d'une faille, d'une discontinuité dans le flot apparent du temps. Autrement dit, deux regards qui se croisent ne constituent pas en soi un événement, cela peut rester dans l'ordre des faits. Pour que « ça fasse trou » dans la réalité, une décision des sujets est requise. Il peut ne rien se passer ou il peut y avoir événement. Si événement « il y a », nous dirons qu'il existe un moment de fondation, un moment qui fait irruption dans le « temps de la montre » et qui peut faire l'objet d'une fidélité. Le langage amoureux est plein de termes faisant référence à cela : les amoureux évoquent une fidélité au moment de la rencontre, mais pour cela il faut qu'il soit établi entre eux que « cette minute-là » n'était pas, pour chacun d'eux, comme les autres ; qu'il s'était passé quelque chose. Quelque chose qui peut être énoncé comme les bords qui délimitent un vide dans les mailles du temps.

Dans le discours amoureux, le moment fondateur est essentiel, il ne faut pas faire comme si rien ne s'était passé, il ne faut pas faire comme si ce « moment de vide » avait été rempli par une minute comme les autres. Un moment de discontinuité établit pour ainsi dire une filiation, une filiation avec ses histoires

15

Le poisson à bicyclette

L'amour... toujours l'amour. Ces lignes sont écrites en France, terre identifiée, à tort ou à raison, avec l'amour, cet étrange phénomène désigné par Alain Badiou comme l'une des quatre procédures génériques (les trois autres étant le mathème, le poème et l'invention politique [1]). Après tout, c'est connu, du côté du bonheur, avec de l'amour et de l'eau fraîche, même au pays du camembert, tout va bien. Malgré de longues et sérieuses recherches nous n'avons pas pu découvrir le pourquoi de l'eau fraîche.

S'il existe une figure de la totalité totalisante, de

1 Alain Badiou, *Manifeste pour la philosophie*, Le Seuil, Paris, 1989

l'harmonie pastorale cristallisée, c'est bien celle qu'évoque le signifiant « amour ». Quand on dit « amour », on n'a pas tout dit, loin de là ; pourtant, le plus souvent, il n'y a plus rien à dire mis à part l'eau fraîche, va-t-on savoir pourquoi ? Quitte à commettre une hérésie de plus, nous essaierons de dire quelque chose sur l'amour.

La condition amoureuse, avec toutes ses images proches d'un autisme romantique, renvoie les hommes et les femmes à une subjectivité bien particulière, où ils fusionnent de façon imaginaire, permanente et harmonieuse avec un autre être qui les comprend (comprend tout bien sûr), les enveloppe, les protège, les stimule... Ying et Yang, Paulo et Marinette... La maladie amoureuse nous donne l'illusion d'un quotidien magiquement transformé : je mets mes chaussettes, Marinette est là ; elle se brosse les dents, Paulo est là, fantastique ! Le coup de foudre, tant qu'il s'agit d'une métaphore, nous arrivons tous plus ou moins à le dépasser, car au quotidien transformé par l'amour succèdent des lendemains où Marinette perd doucement ses pouvoirs.

Notre société de la marchandise et du spectacle a fait de l'amour une super-marchandise jetable. Tout doit se passer dans la sidération du consommateur ravi, mais notre société digère vite. Nous savons tous, grâce à de fabuleux outils telle la télévision, comment tomber amoureux en remplaçant, par exemple, l'eau par le Coca-Cola, comment vivre un coup de foudre enivré par son parfum, comment déclarer son amour avec un diamant... L'eau fraîche, prothèse indispensable à l'événement amoureux, est joyeusement remplacée au gré de nos publicitaires, gangsters de notre époque, par d'autres produits moins aqueux et plus chers.

Mais trêve de plaisanterie, « une femme sans un homme est comme un poisson sans bicyclette »: ce très beau slogan élaboré par les « frangines » du mouvement féministe nous permet d'écrire quelques mots au delà de toute harmonie pastorale amoureuse. Nous pensons qu'il faut oser déconstruire radicalement et sans concession ces visions unidimensionnelles et stériles d'un amour-harmonie, d'une rencontre parfaite relevant d'on ne sait quelle correspondance cosmique capable de produire un tout.

Non, il ne s'agit pas d'une prise électrique, ni d'une quelconque sagesse de la nature, qui déterminerait une ligne univoque et sans rupture du genre As-tu vu, mon enfant, les mouches avec les mouches, le coq et la poule, le voisin et la voisine... L'amour tient plutôt d'un poisson très original qui aime un vélo et d'une bicyclette qui rêve de vivre avec un poisson. Ni harmonie, ni encastrement, ni correspondance, simplement, peut-être, admiration.

« L'admiration, dit Luce Irigaray, cette passion qui n'a ni contraire ni contradictoire, et qui est toujours pour une première fois. Ainsi l'homme et la femme, la femme et l'homme sont toujours une première fois dans la rencontre parce qu'ils sont insubstituables l'un à l'autre. Jamais je ne serai à la place d'un homme, jamais un homme ne sera à ma place. Quelles que soient les identifications possibles, jamais l'un n'occupera exactement le lieu de l'autre — ils sont irréductibles l'un à l'autre[2]. » Nous imaginons l'admiration étonnée entre un poisson et une bicyclette. La bicyclette ne croit pas que cet être bizarre sans jambes ni bras saura la faire rouler comme il faut et, de son côté, le poisson ne sait pas voir en la bicyclette un bon outil pour aller à son travail tout poissonneux.

La phrase du discours amoureux est énoncée par Jacques Lacan comme : « Je te demande de refuser ce que je t'offre parce que ce n'est pas ça... » Ce n'est jamais ça et pourtant nous ne pouvons pas nous empêcher d'offrir notre amour. Pour que l'amour n'ait pas le visage d'une bouteille de Coca-Cola, il faut pouvoir repérer le vide, la fissure ou la rupture d'un accord entre deux êtres qui pourront dire de l'harmonie : « Ce n'est pas ça. »

Placés devant leur mutuelle incapacité à devenir l'outil de l'autre, le poisson et la bicyclette ont la possibilité de construire à partir du vide un rapport d'admiration et de fidélité appelé amour. Fidélité entre un poisson et une bicyclette pourrait vouloir dire ne pas prendre l'autre en tant qu'objet dans un « franchissement de l'intervalle », le respecter et

---

2. Luce IRIGARAY, *Éthique de la différence sexuelle*, Éd. de Minuit, Paris, 1984, p. 20.

l'admirer comme restant toujours autre au fil du temps. Être fidèle, pour la bourgeoisie, signifie jouir de l'autre dans sa consommation et sa digestion jusqu'à ce que l'autre rende son âme, qu'il n'ait plus de secret, de profondeur ou de liberté. Dans le bonheur marchand, fidélité signifie emprisonner l'autre, amour bancaire où l'on investit une partie de son capital dans quelqu'un et le reste dans quelqu'un d'autre...

Qu'il ne s'agisse pas d'une prise électrique, que malgré la « bonne » volonté du sexologue tout ne se passe pas comme chez les hippopotames, veut aussi dire que tant que l'amour entre un poisson et une bicyclette est fondé sur l'éthique et l'admiration, il n'y a ni aberration ni perversion, ni « mauvais choix d'objet », bref pas de pathologie. Entre poisson et bicyclette, même entre plusieurs, tout est permis.

« Le mot fidélité, écrit Alain Badiou, renvoie nettement à la relation amoureuse, mais je dirais que c'est plutôt la relation amoureuse qui renvoie, au point le plus sensible de l'expérience individuelle, à la dialectique de l'être et de l'événement, dont la fidélité propose une ordination temporelle. Il est hors de doute, en effet, que l'amour, ce qui s'appelle l'amour, se fonde d'une intervention et donc d'une nomination, aux parages d'un vide convoqué par une rencontre[3]. »

3. Alain BADIOU, *L'Être et l'Événement*, Seuil, Paris, 1988, p. 257.

L'événement amoureux, traité comme tel par Badiou, a certainement à voir avec la « vérité », la « vérité » posant un indiscernable, faisant trou dans le quotidien, dans le savoir (faire) quotidien. A ce point de vide, l'éthique est requise, car dans ce moment de cassure du quotidien que constitue l'événement de la rencontre amoureuse, les hommes et les femmes peuvent aussi écraser ce qu'il y a de nouveau dans cette rencontre en la transformant en une « aventure » ou, pire encore, en un mariage. Ils sont dès le début infidèles non pas au sens bourgeois de tromper son partenaire, mais infidèles à l'événement, à la singularité événementielle.

Il paraît que les cigognes sont monogames, les gorilles, en revanche, ne le seraient pas, foutaises ! Ni les cigognes, ni les gorilles, ni même les hippopotames ne peuvent faire autrement que ce qu'ils font. Pour eux, l'image qui s'impose est celle d'un cycliste en parfaite harmonie avec sa bicyclette, ou d'une chaussure à son pied.

Dans les rapports amoureux qui tentent d'exister au-delà des lois de la marchandise, tout reste à construire dans un jeu risqué, jeu de fidélités multiples. Mais sans doute s'agit-il, comme le dit Luce Irigaray, pour la femme de s'aimer elle-même (nous dirons d'être fidèle à elle-même) pour pouvoir aimer d'autres femmes ou hommes. Nous étendons volontiers cet avis à tous les poissons et bicyclettes qui se lancent dans l'aventure amoureuse.

16

Penser le temps

Nous avons vu que l'éclatement d'un temps unidimensionnel, c'est-à-dire la cassure d'une image de la réalité constituée par un continuum de faits emboîtés par leur nécessité, n'est pas à situer du côté d'un fait « plus important » quantitativement ou plus spectaculaire que les autres, mais bien du côté de l'événement, figure de ce qui « fait trou » dans le trop-plein du monde des faits. Que l'événement ne soit pas un fait extérieur à constater est un des éléments qui le caractérisent.

D'extérieur, comme dans une matérialité quelconque, la seule « information » à « reconnaître » est de l'ordre d'un vide dans le continuum, d'un effet de vérité qui fait défaut au savoir. Comme l'analyse Alain Badiou, l'événement exige une nomination et une intervention, toujours dans l'après-coup du repérage du site événementiel. Cette exigence d'intervention, de conscience et de choix peut s'exprimer phénoménologiquement dans la formule : « J'y suis pour quelque chose (dans ma vie). »

Dans le vécu routinier du temps présent comme un temps sacrifié aux dieux de l'accumulation marchande, les hommes et les femmes vivent leur quotidien comme s'il s'agissait d'une répétition générale, d'une préparation malheureuse et agaçante à la « vraie vie ». Cette « vraie vie », moment mythique du bonheur réalisé, relève des différentes images identificatoires du bonheur : « Maintenant je galère, mais demain je serai propriétaire de ma maison... Ou bien de ma voiture, ou bien je serai en vacances, ou bien, finalement, Marinette m'appartiendra... » Le temps d'ici et maintenant apparaît comme le temps ininterrompu, succession du même où la seule idée que ceci « est la vie » constitue dans la plupart des cas une mauvaise nouvelle capable de plonger les gens dans une dépression irréversible.

L'idée de choix et d'intervention, l'idée d'engage ment, en dehors d'une vie spectaculaire requiert la pensée d'une temporalité non sérielle. Dans la rationalité de la modernité, à l'inverse, le temps prend la forme de ce qui reste à endurer, à passer, pour accéder à x, totalité réalisée où le temps s'arrête. Bien que cela ne soit pas énoncé de la sorte, tout se passe, dans le fantasme de l'homme moderne, comme si le temps était de l'ordre d'une erreur, d'une faille à remplir, et par là même remplissable. La logique formelle et le positivisme écrivent le monde à l'aide de formules saturées où le temps semble être une variable prévisible, donc maîtrisable. Par exemple, dans n'importe quel problème qui implique la vitesse, la distance et le temps, tout est mesurable à l'avance, dans une logique de clôture où le hasard n'a pas de place.

Le fantasme totalitaire véhicule systématiquement l'idée d'une immédiateté, d'une prévision du « tout » comme possible, et donc l'élimination de toute liberté pour les singularités. Les ordinateurs ont pris cette place dans la conscience collective : ces machines seraient capables de construire un monde où un savoir suffisant et global ferait fi de toute question sur la liberté et la vérité. Ce cauchemar d'une pulsion de mort au pouvoir est paradoxalement rassurant pour la plupart des gens : c'est l'image d'un monde qui, à défaut d'être sans angoisses, est apaisant, organisé par des angoisses nommables, prévisibles et normalisées

Toute idée de révolte, politique, amoureuse, artistique ou scientifique, part du constat d'un point de non-sens, d'un défaut dans le savoir préalable. Le repérage de ce point-là constitue un acte libre d'intervention et l'existence ontologique de ce point, la question de la vérité. Qu'il y ait du non-sens dans le savoir dominant, qu'on puisse procéder à une intervention « au bord du vide », exige donc la pensée d'un temps comme constitutif de l'être et de l'événement. Et le concept « d'après-coup événementiel » formulé par Alain Badiou représente la seule formalisation radicale et alternative par laquelle, à une époque de crise de la rationalité, le temps peut être repensé.

Le fantasme totalitaire a été, est et sera toujours formé par l'idée d'un pouvoir suffisant et global qui empêcherait toute intervention ; intervention qui, comptant avec le hasard, casse avec la figure du nécessaire prévisible. Pour tout rebelle, pour tout homme et toute femme libres, la question est de savoir s'il est vrai que le monstre auquel ils s'opposent connaît déjà tout de leurs intentions, projets et motivations. Le *1984* de George Orwell est bâti autour de ce fantasme d'un pouvoir central possesseur d'un savoir total et suffisant, en mesure de déceler la moindre faille, ne laissant aucune place à l'imprévu et au non-sens, sang et chair du corps de la liberté. Même s'il s'agit d'abord d'une critique radicale du totalitarisme soviétique, il n'en reste pas moins que ce type de fantasmes rassure nos contemporains, lesquels, dans leur pessimisme, réussissent à peine à cacher l'adhésion volontaire à un monde de fin de temps où la liberté, toujours dérangeante, serait à exclure.

17

La mort

Le bonheur marchand, nous l'avons vu, s'identifie à la figure du vivant. La société du spectacle nous présente un combat entre la vie et la mort, opposition systématique qui finit par s'identifier à l'antagonisme unidimensionnel entre bonheur et malheur : pour le sens commun, la mort apparaît comme la figure même du malheur.

Il ne nous semble pas trop arbitraire d'affirmer que, dans sa quête du bonheur, l'époque de l'homme fut inspirée par le fantasme collectif d'immortalité sur terre. Pour Heidegger, l'homme, ou l'être de l'étant qui est l'homme, se caractérise comme l'étant qui parle par son « être vers la mort » : « Le *Dasein*, dit-il, existe en tant qu'être jeté vers sa fin [1]. » Et la modernité, la science, les progressistes et humanistes de tous bords de sursauter ! Vivant ! Surtout vivant ! A l'immortalité de l'âme (qui d'ailleurs impliquait la pourriture de la chair) de « l'époque de Dieu », a succédé en effet l'époque de l'immortalité du corps.

L'homme, pris au sens générique, a toujours dû faire avec sa double composante, mortelle et immortelle, immanente et transcendante. Mais à l'époque de l'homme, les fantasmes d'immortalité, quoique véhiculés à différents registres, tournent tous autour d'une vague idée de la science et du progrès, qui permettraient au vivant de vaincre son ennemie, la mort. Ainsi, aux États-Unis, la préoccupation essentielle d'une grande partie de la population est-elle de traquer et de chasser le moindre signe du catabolisme (la première ride et les premières raideurs). Ils savent, ces grands enfants de la « démocratie du Nord », qu'il s'agit là de signes avant-coureurs de l'ennemi du vivant.

Mais on trouvera également des traitements moins « américains » de la transcendance ; la raison, pilote du navire de l'humanité, représente fréquemment, ici et maintenant, un universel transcendant par rapport à la singularité individuelle. Toute la crise de l'époque de l'homme se joue dans ce va-et-vient entre universalité et singularité. « L'être vers la mort » est

1. Martin HEIDEGGER, *Être et temps*, Gallimard, Paris, 1986, p. 306.

alors plutôt à comprendre dans le sens d'une singularité, d'un reste non symbolisable, non « universalisable » (le corps).

La mort, pour Heidegger, a une saveur d'authenticité maximale, sorte de point oméga de la singularité : « Personne ne peut mourir à ma place. » Nous serions tentés, en reprenant l'idée d'un « reste » faisant défaut à l'universel, de suivre la voie d'un auteur comme Luce Irigaray, lorsqu'elle étend cette singularité aux rapports entre homme et femme : « Un sexe, dit-elle, n'est pas entièrement consommable par l'autre, il y a toujours un reste » ; ou encore : « Quelles que soient les identifications possibles, jamais l'un n'occupera exactement le lieu de l'autre — ils sont irréductibles l'un à l'autre[2]. »

Mais la question relève de quelque chose de beaucoup plus quotidien et intime dans le constat « Nul ne peut jouir à ma place » (nous faisons là une différence toute freudienne entre jouissance et plaisir) : c'est de l'angoisse de mort qu'il s'agit. Heidegger la définit comme suit : « L'angoisse devant la mort ne doit pas être confondue avec la peur du décès. Elle n'est pas une quelconque et fortuite disposition de "faiblesse" chez l'individu ; au contraire, en tant que disponibilité fondamentale du *Dasein*, elle est cette ouvertude selon laquelle le *Dasein* existe en tant

2 Luce Irigaray, *op. cit.*, p. 20.

qu'être jeté vers sa fin [3]. » Cette mort, en d'autres termes, est donc à situer du côté d'un dysfonctionnement singulier qui fait de l'homme un être de désir et de manque, être qui a, toute sa vie, à faire avec sa singularité dans un monde et une langue relevant du transcendant.

Tacitement, notre société incorpore très bien l'idée de limite (fonctions de castration et de renoncement) que l'idée de mort et de singularité implique. Mais cette acceptation s'accompagne d'un refoulement immédiat dans l'adhésion au vivant, sorte de monstre en plastique pour lequel la mort prend l'allure d'un accident, toujours à cacher, à forclore et à oublier.

Dans nos sociétés, face au sacrifice de quelqu'un, il est courant d'entendre : Il/elle a donné sa vie pour cela, cela en valait-il la peine ? Dans ce type de phrase pour laquelle une traduction ou, du moins une interprétation nous semble nécessaire, nous voyons la vie apparaître comme un capital à investir et pour lequel toute erreur est à éviter. Pointe ici l'idée que le véritable sacrifice, ce qui pourrait être perdu, est une certaine immortalité imaginaire. Non pas que les individus ignorent qu'éventuellement cette histoire va mal finir, que la faux nous attend ; mais tout cela est vécu comme un regrettable accident, une erreur de la nature. Ce type de pensée donne aux individus l'illu-

3. Martin HEIDEGGER, *op. cit.*, p. 306.

sion d'être immortels. La mort, constamment à dissimuler, est assimilée à la saleté, à un certain échec qui persiste face au vivant.

Que la vie soit vécue et ordonnée subjectivement comme un capital n'est pas une simple vue de l'esprit. En effet, tout le système d'assurances, qui dans la subjectivité de notre société joue un rôle prépondérant, renforce l'idée d'un capital « immortel »: si vous perdez une jambe, votre capital soudainement encoché peut vous être restitué sous une autre forme, par exemple l'argent qu'elle représentait pour la société marchande. Dans cette société sans trou ni faille, la mort ne saura atteindre le « vivant », l'assurance *vie* arrivant à couvrir honteusement le déchet animal de la mort. Tout rentre toujours dans l'ordre, après tout il suffit de savoir tenir ses papiers et ses dossiers à jour. La mort semble tout au plus périphérique, destin que les très, très vieilles personnes rencontrent éventuellement, dans une banlieue mal éclairée de notre monde des Lumières. Le traitement administratif de la mort est là pour rassurer les « immortels » qui restent avec une dette ou un magot. Celui qui s'est « trompé » en laissant la mort le gagner est tout compte fait presque encore parmi nous, les affaires continuent.

Tout ceci, à savoir l'idéal narcissique de toute-puissance, loin de relever d'une abstraction indéfinie, apparaît inscrit en lettres de feu dans la langue du sens commun. La mort est toujours accidentelle, toujours mal venue. Et les degrés les plus surréalistes dans le macabre sont atteints dans la défense technocratique de la « vie ». Trépas médicalisé ou vie assistée, la mort, dans les hôpitaux des pays centraux, entourée de machines performantes et de tuyaux, est perçue comme l'ennemi qui met en échec la science. Échec ou défi à une science « virile », « dure », qui ne désespère pas, dans sa masculine persévérance, de faire reculer cet ennemi. Une métamorphose, un déplacement, un tour de magie s'est ainsi opéré : à l'idée que la science aide la vie, qu'elle est à son service, s'est substituée la formule, science = vie.

Ainsi, les progrès de la science et ses échecs se confondent, dans l'esprit de nos contemporains, avec les progrès et les échecs du vivant. Cet idéal de perfection d'un « vivant » scientifique dépourvu de mort, s'oppose à l'idée dialectique, paradoxale et philosophique de vie, non sans conséquences pour la science elle-même. Car les hommes et les femmes, et c'est là le problème, lorsqu'ils s'aperçoivent de la supercherie de cette croyance, tendent dans un mouvement infantile à rejeter la science — ainsi réduite au scientisme. Pour que la science soit, il faut qu'elle fasse avec la vie et la mort dans leur unité dialectique.

Reste à comprendre le pourquoi de cette pulsion à voir dans la mort le mal absolu, qui conduit à l'identifier à tout ce que l'on souhaite éliminer. Une clé nous est donnée par la version extrême de cette tendance, celle des discours racistes et fascistes :

portés par le délire paranoïaque de l'homosexualité refoulée, ceux-ci parlent de l'« autre » comme de celui qui s'introduit par effraction par des trous mal gardés, apportant le pourrissement, la maladie et la mort. Le vivant doit être comme un monstre en plastique, lisse et étanche.

Au-delà du fascisme et du racisme, la peur de l'autre scande la vie de tous les jours. Elle est la peur de toute singularité, de toute limitation à la puissance imaginaire d'une fusion (dans la nation, la race, etc.) qui nous rendrait immortels. L'autre, c'est la femme qui nous cache sa jouissance mille fois interdite, mille fois réprimée ; l'autre, c'est le Noir, trop proche d'une jouissance que les Blancs imaginent illimitée ; l'autre, c'est le juif qui vole de jeunes enfants et s'adonne à de sordides festins ; l'autre, c'est l'enfant, l'handicapé ; l'autre, c'est l'idée même de la singularité de la jouissance qui nous est interdite. Jouissance dite, inter-dite, l'autre, c'est nous-même dans ce qui chez nous fait défaut à la maîtrise, à la raison et à la toute-puissance.

C'est la fonction de la civilisation d'assurer un mode collectif — toujours particulier et singulier — de négociation et de contrôle de la jouissance. Et la faillite de la civilisation advient, comme c'est le cas périodiquement, lorsque les hommes et les femmes, tant individuellement que collectivement, élaborent des projets, non pas de négociation avec la jouissance, mais d'éradication, d'élimination, qui mènent à la barbarie. Alors la seule chose que les individus peuvent faire consiste à tuer l'autre, celui ou celle désigné(e) comme porteur(se) de mort et de jouissance ; macabre paradoxe du destin, car ainsi les hommes jouissent sans limites d'autres hommes réduits à la position d'objet et, pour vaincre la mort, la donnent. Dans ce moment d'orgie plus ou moins sanglante, il n'y a par effet de miroir ni vainqueur ni vaincu.

L'escamotage de la mort se fait donc à l'incroyable prix de l'unidimensionnalité de la vie, qui, juste retour du refoulé, donne une coloration de mort permanente à ce vivant tant prisé. Loin de représenter l'idée de transcendance avec laquelle nous devrions compter, une vie sans limites représente un concept bâtard qui, à force de refouler la mort, n'aurait plus le droit de s'appeler vie. C'est pourquoi l'homme doit absolument pouvoir penser la vie. Chez le parlêtre, le dysfonctionnement — la faille structurelle — ne se fonde pas sur la mort au sens de décès, mais sur la possibilité de penser, à travers le langage, le concept de mort. C'est pour cela que nous changeons volontiers l'« être pour la mort » de Heidegger par « lettre pour la mort », au sens où le dysfonctionnement introduit par la langue chez le parlêtre s'articule sur la pulsion de mort.

En effet, le concept central de la théorie freudienne, celui de pulsion de mort, est ce qui cristallise l'idée d'une harmonie pastorale impossible pour le parlêtre. La pulsion de mort implique cette récurrence du symbolique face au réel et établit la différence entre jouissance et plaisir.

Le plaisir est du côté du « plaisant », de l'agréable, du bien. La jouissance se trouve toujours au-delà, au-delà du principe de plaisir : elle apparaît comme quête de dépassement de l'impossible, s'inscrivant souvent dans la figure d'incorporation et de destruction de l'autre, non pas par méchanceté, mais par une tendance à démolir toute frontière, toute limite, y compris celles qui délimitent l'autre. Pour le parlêtre, la mort va dans ce sens-là, elle est toujours liée à l'imaginaire de la jouissance.

Un exemple parlant est donné par l'ouvrage d'Apollinaire, *Les Onze Mille Verges*, dans lequel l'auteur déploie un catalogue de tortures, crimes et mutilations qui, loin de représenter les activités d'un bourreau quelconque, prétend décrire une série de tableaux représentant la jouissance sexuelle. Il paraît difficile, en effet, d'assimiler au concept du plaisir, qui est toujours lié au vivant, les scènes de mort du protagoniste du roman qui rend son âme, fouetté par les onze mille soldats, sans oublier de jouir quelques secondes avant son trépas. Le plaisir se fonde sur une négociation avec la jouissance : tout en y renonçant, il la garde comme horizon et étoile polaire.

Pour sortir de l'idéologie du vivant conçu comme marchandise, penser la mort oblige à penser cette jouissance au-delà du plaisir, et surtout au-delà du bonheur.

18

Temps de rupture, temps du nouveau, notre carrefour

Nous vivons une drôle d'époque — façon de dire, car la drôlerie n'est pas ce qui la caractérise le mieux. Quoi qu'il en soit, il s'agit d'une époque charnière à la fois magnifique et terrible, passionnante et redoutable. Des superlatifs, des adjectifs contradictoires nous viennent à l'esprit pour la qualifier. Ni Dieu, ni homme, mais un grand point d'interrogation, véritable rupture qui est autant porteuse d'espoirs que de haines, de famines et de massacres.

D'un certain point de vue, vivre à cette époque peut être une grande chance, non pas au sens de gagner ou perdre, bien que le hasard y soit pour quelque chose, mais parce qu'est chanceux celui ou celle qui peut voir une éclipse de soleil ou tout autre phénomène rare dans la vie des hommes. Notre éclipse est celle d'une époque, d'une cosmogonie déterminée : celle de « l'homme ». Le phénomène est si précis qu'il nous permet de dire, par exemple, que quelqu'un qui serait mort il y a à peine vingt ans est mort dans un autre monde.

A cause de cette rupture, notre quotidien est nourri de fantasmes apocalyptiques. Mais il s'agit de « fantasmes » d'un genre nouveau. Car ceux-là ont acquis une inquiétante consistance. Ainsi, le fantasme de destruction totale, compagnon de l'humanité depuis sa naissance, est aujourd'hui probablement réalisable, non pas par la seule bêtise des chefs militaires et de leurs armes « garantie de paix », mais, dans l'immédiat, par la triste inertie de la logique marchande qui met en danger la survie de notre planète. Tout cela détermine un homme nouveau, une femme nouvelle, citoyens de notre temps qui évitent toute pensée critique, toute conscience en perspective de la réalité, car le seul sentiment qu'ils éprouvent face à elle est la peur. La peur est un moyen efficace pour reconstruire le spectacle de l'aliénation car, dans son évitement de l'analyse, de l'interprétation et de l'action dans la réalité, elle nous plonge dans une certitude pessimiste qui rend la réalité univoque. Cela constitue le « doux-leurre » (douleur) de notre époque charnière.

Mais entre la peur et l'aliénation inconsciente, nos contemporains doivent « se coltiner » quotidiennement avec une perte d'images, de repères, et assister à la rupture radicale des schémas conceptuels référentiels opératoires.

Jusqu'à un certain point, en effet, il n'y a pas d'homme en soi, d'humanité ni de culture au-delà de la structuration subjective ou de la vision idéologique que les hommes se font d'eux-mêmes. Bien entendu, le réel n'est pas aboli pour autant, ni la praxis symbolique qui nous permet son traitement ; mais, d'une certaine manière, celle-ci fonde chaque jour les limites et la figure de l'impossible au creux desquelles notre subjectivité nous construit. Ces limites, barrières ou frontières établissent un impossible qui, loin de limiter notre praxis et notre créativité, les potentialise par rebondissement. Chaque époque, chaque civilisation a un traitement, une « négociation » avec l'impossible jouissance, et par là crée une hiérarchie dans la sublimation. Chaque époque, chaque cosmogonie devient chair et sang, devient corps, en façonnant et en construisant un corps à chaque fois particulier. Car le corps apparaît toujours comme ce bord du réel, ce reste non symbolisable, paradoxalement « tissé de langage ». Le corps est construit, réprimé et dressé, mais chaque société sait que de ce côté-là il subsiste un reste non consistant avec le langage dominant. C'est l'idée que nous avons déjà développée en proposant [1] l'image d'un puzzle

1. Cf. *Utopie et liberté, op. cit.*

atypique, possédant en son centre une case qui devait rester vide, celle qui symbolisait l'interdit structurant.

Qu'il y ait de l'interdit, qu'il y ait de l'intouchable, voilà ce qui configure un univers paradoxal structurant du phénomène humain. Paradoxal, nous l'avons vu, car il ne s'agit pas d'une image ou d'un contenu quelconque qui caractériserait les hommes et les femmes au-delà des âges et des régions, mais plutôt d'un contenant qui loge dans son universalité barrée des figures symboliques parfois antagonistes. Dieu ou l'homme ont ainsi été des figures « suffisamment bonnes » ou « suffisamment mauvaises » autour desquelles des siècles entiers se sont structurés. Aujourd'hui, ce qui est appelé « humanité » se trouve en quelque sorte déboussolé, la figure structurante de rechange, peut-être déjà là, refusant de se montrer.

Certains, trop apeurés par ce qui se passe, aspirent, comme des enfants inquiets, à l'introduction, l'injection ou le greffage de nouvelles figures de l'interdit, en quelque sorte « prêtes à porter ». Certains « intellectuels », en écho aux intégristes de tout poil (mais s'en rendent-ils compte ?), convoquent le sacré, comme si le sacré pouvait être convoqué. Drôle de sacré, qui d'emblée pourrait être maîtrisé par la volonté des hommes ! Ils disent : « Dans notre société en crise il faut "créer" de l'intouchable, du non-consommable. » Un peu partout, les hommes et les femmes, face à la société du spectacle et de la marchandise, prennent un gramme de conscience pour une tonne de peur, et ils crient : « A l'éthique ! A l'éthique ! » Mot clé magique, censé à lui seul pouvoir arrêter la destruction marchande du monde.

Certes, on peut reconnaître, dans ces cris aigris d'impuissance, une bonne intention de départ. Mais en vérité, créer du « non-consommable », fût-ce par des comités d'éthique, par l'établissement des droits dits « humains » ou par l'énonciation d'un nouveau sacré, est une idée qui relève du comique. Les sauveurs de l'humanité essaient de nous sortir de la poêle pour nous faire tomber dans le feu ; la création du « non-consommable » ressemble fort à la production d'une nouvelle marchandise qui, comme telle, est destinée à la consommation.

Mais que craignent-ils tant, ces nouveaux sauveurs de l'humanité ? Défaite de la pensée, crise symbolique, manque d'espace d'interdit, voilà autant de fantasmes relevant plutôt de l'épouvantail que de quelque chose de l'ordre du possible. Rendre la vie sacrée est un mot d'ordre qui ne veut rien dire, et tombe paradoxalement en plein dans la vision des scientistes, ces scientistes qui, dans leur culte au vivant, continuent à le percevoir comme une marchandise de choix.

Le mot d'ordre, sacré ou pas, de « respect de la vie » prétend, en Occident, être issu d'un savoir scientifique sans faille. En fait, ce type de savoir « sans faille » fonctionne tout comme les systèmes intégristes envers leurs divinités. Tout discours sur Dieu ne peut — et pour cause — être énoncé par une autre créature qu'un humain : on définit le sacré et le sacré nous délimite. Les managers réalistes occidentaux ne procèdent guère autrement lorsqu'ils tentent de définir un concept aussi flou que celui de « respect de la vie » en prétendant qu'il puisse limiter nos pratiques. Mais « la vie » ne veut strictement rien dire, c'est un concept exigeant d'autres définitions, et surtout des prises de position politiques.

Une des questions qui se présentent pourrait être énoncée de la façon suivante : face aux catastrophes écologiques, face aux désastres économiques et politiques qui nous bloquent, est-ce que le capitalisme (et sa sœur, la bureaucratie) pourra éviter un suicide final et total ? Le « respect de la vie » apparaît très vite, face à cette question-là, comme une réponse à côté de la plaque, comme un appel à une faussement naïve bonne volonté, là où il s'agit de structure, sans volonté ni affect.

L'époque de l'homme, la modernité, n'a pas cessé de remodeler, dans un tripotage théorique, l'idée d'un homme universel. A la question : « Qu'est ce qu'un homme ou qu'est-ce qui définit l'humanité ? », les différentes époques de la modernité ont fourni différentes réponses, parfois contradictoires. Le plus important était toujours de trouver une réponse, et cette réponse relevait systématiquement d'une image, d'un archétype, modèles de la réussite à imiter et à suivre au nom d'un bien universel. Ce type de conception relève de ce que l'on pourrait appeler une ontologie de la présence, ou être plein, un être déjà là, quelque part et à dévoiler.

La démarche qui nous permettrait d'interpréter cette crise dans une vision alternative ne peut en aucun cas s'inspirer des discours dits post-modernes, ceux qui annoncent à tue-tête la fin des universaux et la naissance de la relativité éclatée. Le « respect des différences » avec cette idée d'« éclatement » revient, par une étrange et parfois dangereuse régulation des différences, à une nouvelle pensée de la totalité totalisante. Par là, les post-modernes restent en plein dans la modernité.

Le discours de l'universalité tente de définir systématiquement une humanité, tandis que le discours relativiste tente d'effacer le concept d'humanité. Alors qu'il s'agit plutôt d'opérer un déplacement radical qui laisse derrière lui les réponses relativistes ou universelles, pour se situer du côté de la question. Quand un explorateur caricatural, dans son bermuda blanc, regardait un Africain, il avait du mal à trouver une réponse à la question : « Qu'avons-nous en commun ? » Quand Hernán Cortés regardait les Incas et, en retour, quand ceux-ci regardaient cet étrange personnage, maladivement blanc et malodorant, la réponse sur « ce qu'ils pouvaient avoir en commun » était plus qu'incertaine. Plus près de nous, un jour les femmes sont descendues dans la rue et elles ont regardé à fond et sans concession cet être bizarre qui les opprimait : le mâle humain était devenu la figure de l'humanité, seul paramètre de toutes les mesures, et par là « neutre et asexué » ; tout ce que les femmes pouvaient avoir en commun avec cette créature ne pouvait que les effacer et les faire redisparaître dans le monde « neutre » phallocrate. Et pourtant, au-delà de ces fossés entre cultures, ethnies et sexes, quelque chose de la consistance d'un roc reste dans une communauté paradoxale, la question « Qu'avons-nous en commun ? »

Ce constat ne détermine pas une description de l'humanité, et il n'implique pas non plus l'effacement et la forclusion de ce concept. Humanité « barrée » ou l'humanité : cette écriture nous donne la possibilité de parler d'une humanité, en tant que « pas toute » ; nous l'avions nommée, dans notre premier chapitre, logique de non-clôture.

Privilégier la question détermine un vide plutôt qu'un programme clair à suivre ; aujourd'hui, pouvoir penser une alternative, pouvoir se poser en tant que citoyen militant, en cassant le mirage du spectacle, implique que l'on puisse penser en tenant compte et en partant de ce vide central. Dans l'impasse tragique dans laquelle nous nous trouvons, tout nouveau lien social, toute pensée programmatique d'une issue politique doivent pouvoir partir de cette position incommode d'un creux qui requiert notre décision et qui, faute de déterminisme historique ou téléologique, engage notre responsabilité.

La modernité a fini par dénaturer ses quatre principaux drapeaux. De la science, elle a fait le scientisme, idéologie de technocrates.

De la raison, il ne reste qu'un vague rationalisme positiviste qui, en énonçant comme rationnel seulement ce qui est « analytiquement prévisible », plonge dans l'irrationnel toute pensée de l'indiscernable ou du nouveau.

De la démocratie, elle a créé le spectacle parlementaire qui s'adresse à des citoyens « égaux » dans leur sérialité pseudo-individuelle, c'est-à-dire dans leur impuissance. Au nom de l'égalité, elle tente de dépasser toutes les différences structurelles, de classe, de race ou de sexe, pour créer une nouvelle idéologie réactionnaire de l'oppression que nous nommerons avec Étienne Balibar la « méritocratie ».

De l'Occident, enfin, elle a fait un modèle de consommation, inexportable mis à part son côté le plus pervers de frustration et d'aliénation.

Si l'Occident peut sans nul doute redevenir un simple point cardinal, la science, la raison et la démocratie doivent être, à notre avis, repensées avec courage.

Il faut pouvoir sauver la science du scientisme, et la décentrer de la vision marchande. Séparer la science d'une idée intrinsèque du bien comme bien commun et universel, voilà une tâche urgente aujourd'hui, non pas pour « l'humanité » mais pour ceux et celles qui osent déclarer la guerre au monde de la marchandise. Les relativistes tentent de présenter la science comme une simple subjectivité occidentale, équivalente, donc, à n'importe quelle autre croyance magique. Certes, il ne s'agit pas de nier ce que Lévi-Strauss appelait l'efficacité symbolique. Nous pensons même que la psychothérapie axée sur le symptôme et exercée au nom du bien (à différencier donc de la psychanalyse) relève de cette efficacité de la suggestion. Ainsi, grâce au rapport subjectif concret, le chaman peut aider efficacement la dilatation utérine au moment de l'accouchement ; c'est comme l'histoire de ce juif qui a marché sur l'eau : il suffit d'y croire.

Mais il reste qu'au-delà du scientisme, la science est ce qui se trouve sur un autre registre que la croyance : le chaman ou le psychothérapeute sont efficaces dans leurs cultures respectives ; en revanche, la force de gravitation universelle (et la chute des pommes, en général) ne passe pas par une croyance quelconque. Pour faire marcher un homme sur la Lune, certains gestes, certaines lois sont à respecter, non pas que nous ayons particulièrement besoin d'envoyer des gens sur la Lune, mais que pour le faire, les chercheurs doivent, quels que soient leur ethnie, leur sexe ou leur religion, tenir compte des mêmes limites du réel.

Déloger le scientisme, vision technocratique du monde, de la science, oblige d'autre part à reconnaître que la science et les éléments scientifiques ne sont pas les seuls qui nous permettent l'accès à une connaissance ou à un rapport à la vérité. Sur ce point, nous ne faisons que suivre les positions d'Alain Badiou sur ce que, dans *L'Être et l'Événement*[2], il appelle les quatre procédures génériques. Celles-ci nous disent qu'il y a de l'événement et de la vérité dans les champs et les registres de la science, de la politique, de l'art et de l'amour, sans jamais établir de hiérarchie entre elles.

Parler n'est bien entendu jamais neutre[3], et c'est pourquoi la circulation discursive d'une vérité événementielle relève toujours d'un parti pris subjectif. Ainsi, toute vision technicienne qui tente de déloger la décision et le choix de la place fondatrice, ne peut être que réactionnaire. La vérité, en tant que « trou » faisant défaut au savoir, connaît toujours dans l'après-coup du discours un traitement et une circulation jamais neutre, ce qui signifie peut-être qu'elle n'est « pas toute » (en quoi les travaux de Luce Irigaray nous paraissent rejoindre heureusement les thèses avancées par Alain Badiou, thèses qui constituent à nos yeux un ensemble indispensable pour pouvoir repenser une praxis de la liberté). *A contrario*, il n'est pas étonnant que les actuels tenants du discours technocratique et « méritocratique » vantent le fantasme de la toute-puissance du scientisme : ils

2. Alain BADIOU, *L'Être et l'Événement*, *op. cit.*.
3. Luce IRIGARAY, *Parler n'est jamais neutre*, Minuit, Paris, 1985.

aiment imaginer le dépassement de toutes les limites et de toutes les différences en énonçant, par exemple, « l'un est l'autre », véritable manifeste scientiste faisant l'économie de toute structure.

Plutôt que de la brader parce qu'elle se serait rendue coupable de quelque trahison envers les espoirs que l'humanité avait placés en elle, la raison doit être pensée à travers les catégories de l'actuelle crise de la rationalité. A la raison déterministe, fondée sur une logique formelle ou dialectique, il faut substituer une logique paradoxale qui nous permette d'analyser le choix, l'inconsistance, la non-clôture dans le cadre de la raison, sans aucune concession aux tentations irrationalistes, religieuses ou autres.

Aujourd'hui, à une époque où le ridicule ne tue plus, nous voyons les différents clowns managers se prendre au sérieux et relancer le jeu du spectacle. Il ne s'agit pas de se prendre au sérieux mais plutôt de l'être ou de tenter de l'être. Qui s'intéresse encore à une vision alternative non spectaculaire du monde devrait faire l'effort d'étudier ceux qui, du cœur de la raison, ont avancé les éléments pour penser une logique paradoxale — Lacan, Gödel, Cohen —, et revenir également à une lecture sérieuse de Marx et de Freud, penseurs pleins de contradictions mais qui furent les premiers à mettre en échec la raison déterministe.

Sauver la démocratie du spectacle unidimensionnel signifie la penser en des termes contraires à celui de spectateur, grâce à la formule : « Plutôt que de regarder, dire ça me regarde », avec les mouvements de décision que cela implique. Tout projet démocratique révolutionnaire alternatif devrait prendre en compte ce que l'on peut énoncer comme une logique de non-clôture. Penser le temps, le présent comme fondé et fondateur dans le registre de l'avenir, comme une dimension déjà là, oblige enfin à repenser la notion d'utopie.

Nous refusons d'abandonner ce concept en le sacrifiant à la mode du réalisme. Et pour cela nous appelons à l'aide, grâce à cette alchimie qui rend immortelle et transcendante l'œuvre des révolutionnaires à travers le temps, le camarade Gustav Landauer. Dans son ouvrage *La Révolution*[4], il opère une déconstruction sémantique du signifiant utopie (du grec *ou*, négatif, et de *topos*, lieu). Tout projet révolutionnaire est dans ce sens u-topique, dans la mesure où toute réalisation et tout acquis, fruits d'une secousse révolutionnaire, relèvent d'un *topos*, et peuvent être mis en rapport avec le concept sartrien de practico-inerte[5]. C'est par là que l'u-topie relève essentiellement d'une pensée de non-clôture qui s'oppose à tout idéalisme impuissant.

Ce qui regarde le *topos* est du côté de la justice,

4. Gustav LANDAUER, *La Révolution*, Gérard Lebovici, Paris, 1974.

5. Jean-Paul SARTRE, *Critique de la raison dialectique*, Gallimard, Paris, 1985.

autrement dit, de la distribution des biens. Ce qui est du côté du *u*, en tant que négation, ou non-clôture, relève d'une consistance différente de celle des biens à distribuer et, par ce fait, est non incorporable, non soluble dans aucun acquis concret.

Au-delà des connotations trop phénoménologiques du concept d'intérêt, reprenons ici le concept d'« intérêt et connaissance » d'Habermas[6]. L'intérêt est à placer du côté d'une décision, d'une fidélité, voire d'une motivation. La connaissance relève, elle, des moyens et des acquis. Nous voyons comment une nouvelle fois le mouvement se divise en deux, comment il n'y aura jamais de connaissance-acquis ni de *topos* capables d'épuiser l'intérêt, le *u* d'utopie, c'est-à-dire la décision. A l'inverse, le mouvement contre-révolutionnaire par excellence, dont la figure du stalinisme est le meilleur exemple, consiste à revendiquer clairement que dans les acquis ou *topos* post-révolutionnaires tout intérêt se trouve réalisé, voire dissous, conformément à la logique de clôture.

De nos jours, face aux problèmes du monde, il s'agit de récupérer l'intérêt, la décision et fidélité alternatives qui nous permettraient de nous opposer à l'aliénation ambiante. S'opposer à devenir complices, cela est-il possible aujourd'hui ?

Les réalistes managers nous répondent en brandissant les exemples de révolutions trahies par des

6. Jürgen HABERMAS, *Connaissance et intérêt*, Gallimard, Paris, 1976.

élites staliniennes comme raison suffisante à la justification de leur conformisme, et ils disent : « Nous l'avons tant aimé la révolution... » Loin de cette logique digne des paroles d'un tango, nous allons procéder une nouvelle fois à un déplacement.

Nous croyons que pour s'opposer radicalement à la société du spectacle et de la marchandise, il est nécessaire, non pas d'imaginer des paradis possibles, mais plutôt de regarder en face la monstruosité du spectacle. Pour s'opposer, pour imaginer et créer des praxis alternatives, l'étude et l'analyse de nos sociétés constituent une motivation suffisante, au sens où celui ou celle qui meurt de faim n'a certainement pas besoin de consulter le menu pour savoir ce qu'il veut manger. Loin des institutions, des monstres centralisés, des partis politiques et des syndicats, il faut recommencer à tisser les fils de nouveaux liens sociaux solidaires. Il faut commencer à parler contre le bavardage, à vivre contre la survie. Les rapports peuvent changer dans les couples, dans les quartiers, sur les lieux de travail, mais surtout, et avant tout, chacun doit changer vis-à-vis de lui-même. Nous devons commencer à soupçonner que ce qui nous arrive est une vie et que, peut-être, nous pourrions y être pour quelque chose.

Il serait ridicule de vouloir opposer ces mouvements de désaliénation civile à la lutte contre la structure de production. La structure sociale est le cadre et la limite dans lesquels, contre ou pour elle, ces changements peuvent s'opérer. Il est naïf de croire que « tout est politique », mais il est illusoire de penser que quoi que ce soit du quotidien peut se jouer dans un lieu neutre, parallèle à la structure sociale des productions.

La crise a provoqué un déchirement profond dans le tissu social. Pourtant de l'Est et de l'Ouest, du Nord et du Sud nous arrivent des voix optimistes, signe qu'un dépassement alternatif de la crise est en route. En France, on l'a vu, de nouveaux travaux philosophiques s'efforcent de reconstruire ce tissu blessé. A l'Est, ce « nouveau » n'est certainement pas la transparence unidimensionnelle de la *glasnost*, mais les révoltes incessantes des ouvriers, des intellectuels ou des minorités qui brisent en mille morceaux l'empire stalinien. Au Sud, et en particulier en Amérique latine, toute possibilité de « survie » passera également par la création de nouveaux concepts et d'une nouvelle praxis révolutionnaire.

La lutte alternative ne part pas d'une nécessité ni d'un besoin déterminé, mais d'une décision. Toute vision historique fondée sur l'idée de besoin finit par concevoir et marier une logique de clôture stalinienne, ce que l'on appelle les totalités totalisantes. Il s'agit d'énoncer clairement, en dehors de toute vision pastorale, qu'il n'y a nul *besoin* historique ni téléologique pour que les Noirs d'Afrique du Sud, par exemple, ne soient pas opprimés. De la même façon, il n'y a nulle nécessité que les femmes gagnent l'égalité en droits, que le tiers monde ne soit pas exploité ni massacré ou que les ouvriers se rendent maîtres de leur vie et de leur travail. Il faut pouvoir penser en termes de décision, de constitution d'un sujet qui porte la responsabilité de ses choix.

La justice est le nom que porte le mode de distribution des biens dans une société déterminée. Elle ne relève donc pas d'un accord ou d'une harmonie à atteindre, à découvrir, mais d'une décision politique et éthique. Il est courant d'entendre parler de la maladie en termes d'injustice, puisque la maladie nous prive parfois de la possibilité de jouissance de certains biens, voire de la vie elle-même, considérée comme un bien. En ce sens-là, la prison constitue aussi un certain degré planifié d'injustice, étant donné qu'on prive quelqu'un de la possibilité de jouir des biens dont la société dispose, en l'occurrence la libre circulation, bien central dans notre société. Cependant la justice, en dehors de toute considération spectaculaire, relève elle aussi d'un pari, d'un projet en puissance ou en acte, qui, parce que « humain », ne fonctionne pas sur le registre d'une nécessité historique quelconque.

Conclusion

« Que faire ? »

Face à cette question, les uns souriront, les autres trembleront peut-être, il n'en reste pas moins qu'il s'agit de faire, de s'autoriser à faire. Le faire d'aujourd'hui passe certainement, nous l'avons dit, par un retour à l'étude et à la lecture, par une mise en cause du trop-plein d'information en repérant les points de non-sens.

Mais un piège existe pour tous ceux et celles qui essaient de faire quelque chose en brisant les chaînes du spectacle : c'est l'idée de l'urgence. En effet, tout se passe de façon caricaturale : tant que vous ne témoignez aucun intérêt aux problèmes du monde où vous vivez, rien ne vous sera réclamé ; mais dès l'instant où vous vous engagez, on s'empresse de vous dire qu'il n'y a plus de temps pour penser, que c'est le moment d'agir, qu'il y a urgence. Dans ce paradoxe, la pensée critique en tant que véritable « pratique théorique » reste toujours exclue.

Il faut donc casser ce piège de l'urgence, énoncer haut et fort que s'engager en tant que citoyen acteur ne peut se réduire à une question de sentiments, de bonne foi, de bonne volonté. La pratique théorique, l'analyse concrète de la situation concrète, le travail sérieux de l'élaboration d'une issue alternative ne se jouent pas dans un mouvement de passage à l'acte contre-phobique. Nous devrons pouvoir penser la création de nouveaux liens sociaux en dehors de cette idée naïvement dangereuse qui nous fait percevoir les victimes comme porteuses de vérité en puissance [1]. Les « compagnons de route » ou les défenseurs philanthropiques et humanitaires des victimes (toujours lointaines) restent dans une forme spectaculaire d'engagement.

Nous resterons fidèles à nous-mêmes en proposant comme première « tâche » celle qui consiste à se coltiner les questions. Du côté des réponses, nous proposons comme modèle ce qui est un véritable anti-modèle, la lutte des femmes. Nous croyons que la lutte de libération des femmes préfigure en effct un mode de lutte de l'époque nouvelle ; les femmes (les

1. Sur ce point, cf. *Utopie et liberté, op. cit.*

militantes) ont toujours su, malgré leurs différences, articuler les revendications partielles, importantes ou marginales avec une idée dynamique de libération qui ne s'épuiserait dans aucun acquis. La pilule, le droit à l'avortement, l'égalité des salaires et des droits civiques, par exemple, constituaient autant de revendications pourvues d'une image et d'un contenu précis, mais aucun de ces contenus n'avait pour fonction de clore, de rendre caduque l'esprit dynamique de la lutte qui, lui, n'avait ni image ni clôture.

Une logique de non-clôture est celle qui, tout en sachant structurer le plus efficacement possible les luttes par des acquis (justice), sait ne pas hypothéquer l'essence transcendante de ces luttes, la liberté qui se trouve au-delà et en deçà de tout acquis.

Tout se passe actuellement comme si nous nous trouvions au vingtième étage d'un immeuble en feu et dont les issues seraient irrémédiablement condamnées. A plusieurs reprises, dans les soixante dernières années, des groupes de gens ont sauté par les fenêtres croyant trouver par là une sortie valable. Ils se sont écrasés. Si l'immeuble en feu, impossible à sauver, est un pâle reflet du monde capitaliste, aujourd'hui, nous savons pertinemment que certaines voix dogmatiques qui nous poussent à sauter nous mènent aussi à notre perte. Il ne s'agit pas, dans un mouvement révisionniste, de critiquer ceux qui ont sauté sans savoir ce qui les attendait. Ils ont eu, eux au moins, le courage de se révolter contre des situations inadmissibles. Mais aujourd'hui, sachant que certaines fenêtres plutôt que des voies de sortie constituent notre perte, nous n'avons pas le droit d'appeler à les emprunter. Parallèlement, les réalistes — sociaux-démocrates, nouveaux philosophes, post-modernes — nous disent, dans leur langue sophiste, qu'après tout l'immeuble est bien chauffé, qu'il vaut mieux donc y rester tout en aménageant certains coins mal rangés. Nous pensons qu'il faut quitter l'immeuble, non pas dans l'urgence qui nous ferait emprunter des issues condamnées, mais dans un mouvement qui cristallise la rupture radicale avec les deux possibilités énoncées — rester ou sauter —, dans une praxis de recherche et de construction. Nous sommes convaincus que cette recherche a plusieurs facettes, registres et niveaux ; elle n'est pas réservée à une élite quelconque puisque le sens même de toute liberté passe par celle des autres. Usines, quartiers, universités, lycées, hôpitaux, etc., sont les lieux où des praxis nouvelles doivent être théorisées dans la quête d'une révolte qui aura les couleurs de l'autonomie.

Ce livre constitue modestement une des pratiques de recherche possible, une invitation à la difficile pratique de la liberté.

Table

INTRODUCTION 9

I / LES DROITS DE L'HOMME OU : LA QUÊTE DU BONHEUR PAR L'ÉVITEMENT DU PIRE 19

1. HUMANITÉ, UN CONCEPT NEUTRE ? 21
2. LA DYNAMIQUE DE L'INTERDIT 30
3. DROITS CIVIQUES, DROITS DE L'HOMME 38

II / LE BONHEUR : NI MANQUE, NI ANGOISSE, NI MORT, NI VIE 51

4. L'IMPÉRATIF CATÉGORIQUE 53
5. AU NOM DU BIEN 64
6. LE BONHEUR EST TOUJOURS POUR DEMAIN . 71
7. LES IMAGES IDENTIFICATOIRES DU BONHEUR 78
8. L'UNIFICATION DU QUOTIDIEN OU : PAS DE SONNETTE D'ALARME 82
9. ÉMANCIPATION ET BONHEUR OU : LE BONHEUR PAR LE TRAVAIL 94

III / BONHEUR IMMOBILE ET TEMPS SANS FAILLE 107

10. LE TEMPS COMME MONNAIE ÉCHANGEABLE OU : VERS UN TEMPS ÉCLATÉ 109
11. MONISME ET UNIDIMENSIONNALITÉ 115
12. LE TEMPS SANS FAILLE 126
13. TEMPS LIBRE, TEMPS ALIÉNÉ, UNE HISTOIRE DU MÊME 132
14. UN PAYSAGE IRRÉGULIER DU TEMPS 139
15. LE POISSON À BICYCLETTE 147
16. PENSER LE TEMPS 153
17. LA MORT 157
18. TEMPS DE RUPTURE, TEMPS DU NOUVEAU, NOTRE CARREFOUR 166

CONCLUSION
« QUE FAIRE ? » 183

Composition Facompo, Lisieux (Calvados)
Achevé d'imprimer en octobre 1989
sur les presses de la SEPC, Saint-Amand (Cher)
Dépôt légal : octobre 1989
Numéro d'imprimeur : 2101
Premier tirage : 3 000 exemplaires
ISBN 2-7071-1892-3